# TRINITY

Catharina Roland

# AWAKE

## Ein Reiseführer ins Erwachen

Das Praxisbuch
mit vielen
Tools

TRINITY

© 2012 Trinity Verlag
in der Scorpio Verlag GmbH & Co. KG, Berlin · München
Umschlaggestaltung: David Hauptmann, Hauptmann & Kompanie Werbeagentur
Covermotiv: © earth adimas, fotolia
Layout: ki36 Editorial Design, Sabine Krohberger, Claudia Hautkappe
Illustrationen aus dem Innenteil: © Shutterstock
Fotografien: © walk on water
Satz: Veronika Preisler, München
Druck und Bindung: Print Consult GmbH
ISBN 978-3-941837-58-4

www.trinity-verlag.de

# Inhalt

## 6 Wir manifestieren eine neue Erde – jetzt!

## Anhang

# Meine Reise ins Erwachen

Schon als Kind hatte ich den Verdacht, dass wir nie aus dem Paradies vertrieben worden seien. Es ist noch hier – aber wo? Schnell stellte ich ernüchtert fest, dass die weißen Flecken auf den Landkarten verschwunden waren. Und mal ehrlich, hätte sich das Paradies in irgendeinem fernen exotischen Land befunden, wäre es bestimmt von einem internationalen Konzern aufgekauft und in einen lukrativen Entertainment-Park verwandelt worden. Aber noch ist mir keine Hochglanzbroschüre in die Hände gefallen, die mit glacierten Äpfeln vom Baum der Erkenntnis wirbt.

Als Kind hatte ich mein ganz privates Paradies. Am glücklichsten war ich, wenn ich in der Natur spielte, wenn ich durch blühende Wiesen lief oder durch den Wald streifte. Schon damals suchte ich unbewusst nach Plätzen, die einen bestimmten Spirit hatten, weil sie unberührt waren. Dort, wo sich schon viele Menschen aufgehalten hatten, fühlte ich mich unwohl. Heute würde ich sagen, dass ich die Energien negativer Gedanken wahrnahm, die dort gespeichert waren.

Sobald ich aber in der freien Natur war, spürte ich mich anders – dann war ich wieder im Paradies. Dieses besondere Glücksgefühl beschrieb ich mit einem Bild: Es war, als hätte ich eine Röhre in mir, in der Schmetterlinge herumflatterten. Nach diesem Gefühl habe ich später immer wieder gesucht. Ich wollte wieder die Schmetterlinge und diese Leichtigkeit und dieses Strahlen in mir spüren.

Ich war noch ein kleines Mädchen, als ich zum ersten Mal ein Foto unseres blauen Planeten sah. Ich dachte: Was für ein wunderschönes Raumschiff das ist! Und wie glücklich ich auf diesem Raumschiff lebte! Ich erinnere mich genau daran, wie verbunden ich mich mit der Natur fühlte. Alle Tiere waren meine Freunde, alle Erwachsenen umsorgten mich, ich fühlte mich sicher und geliebt. Doch dann geschah etwas mit mir.

Das Leben wurde kompliziert. Ich hatte einen stressigen Job, mein Sohn Moritz wurde geboren, sein Vater verließ uns, und ich hatte materielle Ängste. Aber es passierte noch mehr: Stück für Stück verlor ich dieses wunderbare Gefühl, mit allem eins zu sein. Doch nicht einmal das war mir bewusst. Ich spürte nur, dass ich mit den Jahren immer erschöpfter und ausgebrannter wurde. Ich war ungeduldig und aggressiv, und mein Leben erschien mir als ein einziges Chaos. Das schob ich auf meine Situation als alleinerziehende Mutter, die viele Aufgaben gleichzeitig bewältigen musste.

Mir war überhaupt nicht klar, worunter ich wirklich litt. Ich verstand es einfach nicht. Oder wollte ich es nicht verstehen? Im Unterbewusstsein aber hatte ich schon aufgegeben. Wie sollte ich als einzelne Person an all dem etwas ändern?

So igelte ich mich ein und verfiel in eine Art Winterschlaf. Ich lebte weiter, doch in Wirklichkeit schlief ich. So kappte ich die letzten Verbindungen. Bis zu dem Tag, als Moritz mir eine scheinbar naive Frage stellte: »Mama, wenn ich groß bin, werden wir dann noch hier sein? Die Tiere, die ganze Erde? Wir machen doch alles kaputt.«

Die Frage traf mich mitten ins Herz, denn ich hatte keine Antwort darauf. Es war, als sei ein Damm gebrochen. Eine Welle der Verzweiflung überrollte mich. Und plötzlich wusste ich: Ich hatte mich von allem abgeschnitten, von meiner Quelle, meinem Selbst, meiner Seele – und von Gott. Doch ich fragte mich auch: Bin ich allein mit dieser Erfahrung? Oder geht es anderen auch so? Leiden auch andere darunter, dass sie alle Verbindungen gekappt haben? Und ist das vielleicht der Grund, warum wir drauf und dran sind, uns selbst und unseren Planeten zu zerstören?

An diesem Punkt angelangt, gab es kein Zurück mehr. Es war Zeit, aufzuwachen. Deshalb tat ich etwas völlig Verrücktes: Ich kratzte mein letztes Geld zusammen und kaufte mir eine Kamera und ein Reisetagebuch. Dann ging ich mit meinem Sohn Moritz auf die Reise – auf eine Reise ins Unbekannte. Auf der Suche nach dem Schlüssel für das Einssein, das ich verloren hatte, traf ich viele spirituelle Lehrer, Wissenschaftler, Visionäre. Auch sie hatten sich auf die Suche begeben, um die großen Rätsel des Menschseins zu ergründen: Wer sind wir? Warum sind wir hier? Was ist unsere Bestimmung? Was ist die Ursache für unser Leiden? Wie erlangen wir Vollkommenheit und Glück?

Was ich fand, war weit mehr, als ich erhofft hatte, und am Ende wusste ich: Meine große Reise war auch eine Reise zu mir selbst. Ich verstand, warum ich auf dieser Erde bin. Ich begriff, welche Aufgaben ich habe, um die Evolution des Bewusstseins mitzugestalten. Und ich spürte sie wieder: die Schmetterlinge. Nach langen dunklen Jahren waren sie zu mir zurückgekehrt, zusammen mit dem Glück, dem Licht und der Liebe. Einfach paradiesisch.

Diese Erfahrung war so großartig, dass ich sie teilen wollte. Ich hatte nur noch einen Wunsch: So viele Menschen wie möglich sollten Zugang zu dem spirituellen Wissen bekommen, das unser Bewusstsein auf eine höhere Ebene trägt. Deshalb habe ich den Film *Awake – ein Reiseführer ins Erwachen* gemacht. Und deshalb habe ich dieses Buch geschrieben. Ich erzähle darin von meinen Begegnungen mit außergewöhnlichen Menschen und was ich von ihnen gelernt habe: Wir alle haben die Chance, uns zu entwickeln. Wir sind nicht geschaffen für Ängste, Mutlosigkeit und Depression. Jeder trägt das Potenzial in sich, seine Wünsche und Gaben zu verwirklichen und kraftvoll auszuleben. Jeder kann das Paradies in sich finden.

Dafür muss er die »Roots« kennen – die Wurzeln unserer Probleme. Und die »Tools«, mit denen er seine Blockaden überwindet. In jedem Kapitel gibt es mehrere Tools, die jeder sofort anwenden kann. Es sind Bewusstseinsübungen für den Alltag, Anleitungen zur Tiefenmeditation sowie Trainingsmethoden, mit denen wir destruktive Programme überwinden.

> Wer die Tools regelmäßig absolviert, wird ihre Wirkung sofort spüren. Angst, Wut und Hass lösen sich auf, Liebe, Respekt und Achtsamkeit rücken an ihre Stelle. Und Glück, ungetrübtes Glück.

Am Ende meiner Reise stand ich wieder auf dem Platz, wo ich mir als kleines Mädchen die Frage nach dem Paradies gestellt hatte. Und ich wusste nun mit Sicherheit: Wir haben das Paradies nie verlassen. Wir befinden uns mitten darin. Was uns vom Paradies trennt, sind einzig und allein unsere programmierten Überzeugungen, was Realität ist und wie das Leben auf diesem Planeten funktioniert. Diese Programme haben uns in einen Schleier des Vergessens gehüllt. Sie haben all die Sabotagemechanismen aktiviert, deren Auswirkungen wir heute auf persönlicher und globaler Ebene erleben: Kommerz, Kriege, Unglück, Macht und Neid.

*Awake – ein Reiseführer ins Erwachen* ist eine Einladung, völlig neue Dimensionen unserer Existenz zu entdecken – unser göttliches Potenzial. Dieses Potenzial haben wir längst noch nicht ausgeschöpft. Wenn wir es tun, werden wir einen Wandel erleben, an dessen Ende eine friedvolle, lichterfüllte Weltgemeinschaft stehen wird. Jeder kann zu diesem Wandel beitragen. Jeder hat die Gabe, an der Transformation mitzuarbeiten. Die Reise ins Paradies hat gerade erst begonnen

Kapitel 1

# Unsere limitierenden Überzeugungen

# Die Freiheit, sich zu ändern

*Der Auftakt zu einer wundervollen Transformation*

Eine der ersten Lektionen, die ich auf meiner Reise lernte, war die Erkenntnis: Ich bin nicht allein mit meinem Bedürfnis, aufzuwachen. Ich bin nicht allein mit meinen Zweifeln, meiner Sehnsucht und meinem Glauben an das unendliche Potenzial des Menschen. Immer mehr Menschen befreien sich aus den Zwängen einer destruktiven Lebensweise. Eine Veränderung kündigt sich an, ein Umdenken, eine globale Transformation des Bewusstseins.

Viele alte Kulturen haben das umfassende geistige Erwachen zu Beginn unseres Jahrtausends prophezeit. Die Vorhersagen der Hopi-Indianer, die hinduistischen Mythen und auch einige Prophezeiungen der Bibel sprechen davon, dass die Menschheit alte Überzeugungen hinter sich lassen und etwas völlig Neues erschaffen wird. Dieses Vermächtnis unserer Vorfahren beschäftigte mich sehr, genauso wie ihre Gewissheit, dass wir eine Bestimmung zu erfüllen haben. Denn dann ist das, was wir im Moment vorfinden, nur der Auftakt zu einer wundervollen Transformation. Und wir dürfen hoffen, dass wir tatsächlich eine neue Erde kreieren können – das Paradies auf Erden.

Die Menschheit steht jetzt an der Schwelle ihrer Wiedergeburt. Wir
machen die Erfahrung eines langsamen, aber machtvollen Wandels der
Energien auf dieser Erde. Wie jede Geburt ist auch diese schmerzhaft.
Der Wandel wird alles einbeziehen – das Finanzsystem, unsere politischen
und sozialen Systeme, vor allem aber unsere Spiritualität. Doch am Ende
werden wir uns neu erschaffen, in einem Zustand, in dem wir das Höchst-
maß unserer Potenziale entfaltet haben werden. Neale Donald Walsch

Das klang faszinierend, aber es machte mir auch Angst. Ich sehnte mich zwar
nach einer Veränderung, gleichzeitig hing ich aber auch an Vertrautem. Sind
wir wirklich fähig zu diesem Wandel? Haben wir überhaupt das Potenzial
für solch eine umfassende Transformation? Sogar ich, obwohl mich schon
mein Alltag überfordert? Bin ich bereit dafür?
Diese Fragen zeigten mir, dass es starke Widerstände in mir gab, die das
Neue abwehren wollten. Widerstände, die ich nicht ganz verstand. Schließlich war ich ja unglücklich in meinem alten Leben, voller Zweifel und
manchmal auch voller Wut.

> Ich spürte deutlich: Etwas in mir
> lehnte sich dagegen auf, etwas Neues
> auszuprobieren und das Alte hinter
> mir zu lassen. Das erlebte ich als
> Hilflosigkeit.

Was aber war es, das mich zurückhielt? Waren es meine Gene, meine persönliche Geschichte, mein soziales Umfeld? Ja, so musste es sein. Meine Widerstände hatten mit dem zu tun, was man mir beigebracht hatte. Sie nisteten in
mir wie ungebetene Gäste, die sich auf eine Party eingeschlichen hatten. Und
nun bedrängten sie mich und nahmen mir die Luft zum Atmen. Ich wollte
mich befreien, aber wovon eigentlich?

Es war Bruce Lipton, der mich auf die richtige Spur brachte. Er bezeichnet sich als »spiritual scientist« und gehört zu den Pionieren einer neuen, ganzheitlichen Biologie.

Die traditionelle Wissenschaft hat uns zu Opfern gemacht, weil sie davon ausgegangen ist, es gebe äußere Kräfte, die uns beeinflussen und kontrollieren, zum Beispiel unsere Gene. Die neueren Forschungen beweisen das Gegenteil: Die Gene werden von unseren Sichtweisen bestimmt. Wenn man das begreift, wird man zum Meister der eigenen Biologie. Man versteht plötzlich, dass man die Freiheit hat, seine Überzeugungen und Gefühle zu ändern. Aber die Leute hören das nicht so gern, weil das letztlich bedeutet, dass wir selbst für unser Leben verantwortlich sind. Bruce Lipton

Ich wurde hellhörig. War es tatsächlich möglich, meine Überzeugungen und Gefühle zu verändern und damit die Schranken zu überwinden, die mich vom endgültigen Schritt in ein neues Leben abhielten? Und so begann ich, mich mit meinem Überzeugungen, Meinungen und Glaubenssätzen auseinanderzusetzen. Sie hatten mich in eine Krise geführt, obwohl ich mich an ihnen orientiert hatte. Nun wollte ich es genauer wissen. Ich wollte Verantwortung für mich übernehmen.

# Die Macht
# der Gedanken

*Unsere Gedanken hindern uns daran, die Welt wirklich wahrzunehmen.*

Nichts fürchten wir so sehr wie Krisen. Schon der Gedanke daran lässt uns frösteln. Wir haben Angst, in einen Abgrund zu stürzen. Angst, dass es dunkel um uns wird, dass wir kein Licht mehr sehen. Dabei ist es genau umgekehrt: Wir sollten uns auf Krisen freuen! Denn sie haben eine Aufgabe: Sie stellen uns die Frage nach dem Sinn. Sie zeigen uns, was wirklich mit uns los ist. Und im besten Fall führen sie dazu, dass wir auf eine höhere Entwicklungsstufe gelangen.

Die größte Krise meines Erwachsenenlebens durchlebte ich, als mich der Vater meines Kindes völlig überraschend verließ. Es war ein Schock. Zuerst wollte ich es nicht wahrhaben, dann war ich wie betäubt, schließlich überwältigten mich Trauer und Verzweiflung. Und Wut, fette Wut. Warum hatte dieser Kerl mir so etwas angetan?

Ich erinnere mich noch gut daran, wie ich kurz nach der Trennung nachmittags draußen auf der Terrasse saß und schrecklich unglücklich war. Ich quälte mich mit Selbstvorwürfen, grübelte, was ich alles falsch gemacht hatte, und fragte mich voller Angst, wie es nun weitergehen sollte. Plötzlich traf mich ein Strahl der Erkenntnis, hell wie blendendes Licht. Ich saß da und überlegte: Wer oder was macht mich eigentlich unglücklich? Während ich darüber nachdachte, wurde mir klar: Es war nicht der Mann, es war nicht die Trennung, es war keine reale Bedrohung – es waren meine Gedanken!

*Ich wusste auf einmal: Niemand kann mich unglücklich machen! Nur wenn ich meine negativen Gedanken zulasse, bin ich unglücklich!*

Verwundert schaute ich mich um. Es war, als hätte mir jemand ein dunkles Tuch von den Augen gezogen. Auf einmal nahm ich die wärmenden Sonnenstrahlen wahr, mein friedlich schlafendes Kind auf der Terrasse, das Schilf am Seeufer, das sich im Wind bewegte. Ein ungeheures Glücksgefühl durchströmte mich. Wie wunderbar war all das, was ich sah! Wie gut fühlte es sich an! Ich war im Jetzt, ich war bei mir. Alles andere waren nur Gedanken gewesen, die mich daran gehindert hatten, meine wundervolle Wirklichkeit wahrzunehmen.

Wieder sah ich zu meinem Sohn Moritz, der glücklich schlief. Es war ein schöner Sommertag, ein Sonnenstrahl wanderte langsam über seine Füße. Auf einmal spürte ich nur noch Liebe. Ich liebte mein Baby, ich liebte das Schilf und die Sonne – ja, ich konnte sogar mich selbst lieben. Ich begriff: Die einzige Person, die mich verletzen kann, bin ich. Und alles, was mich unglücklich macht, sind meine Gedanken.

Mir fallen dazu einige Sätze von Jackie O'Keffee ein, die ich auf meiner Reise besuchte. Jackie ist eine spirituelle Lehrerin und Heilerin. Sie arbeitet ganzheitlich und behandelt Trauer und Depressionen nicht als eine funktionelle Störung der Neurochemie, sondern als Zeichen dafür, dass das Bewusstsein erwacht. Sie sagte mir:

Gedanken sind sinnlos, absolut sinnlos, weil sie uns an die Vergangenheit erinnern, an das, was wir früher schon gedacht haben. Was auch immer gerade passiert, wir sollten es stets frisch und neu zulassen. Doch was tun wir? Wir pressen jede Erfahrung in den gewohnten Rahmen der Gedanken, weil wir meinen, dass unser Leben dann besser funktioniert. Doch Gedanken sind ein Gefängnis. Sie hindern uns, die Welt wirklich wahrzunehmen. Jackie O'Keeffe

Als ich die Macht der Gedanken entdeckte, hatte ich schon begonnen, mich mit spirituellen Themen zu beschäftigen. Ich las Bücher über das erwachende Bewusstsein und die Transformation der Menschheit, über Heilung und Meditation. Aber erst an diesem Nachmittag auf der Terrasse verstand ich es wirklich: Jeder Augenblick des Lebens enthält so viel, woran ich mich freuen kann! An den Mücken, die im Sonnenlicht tanzen, am Basilikum im Garten, das so schöne Blätter hat und so gut schmeckt, am sanften Wind auf meiner Haut.

Es ist so einfach, wenn ich im Jetzt bin. Ich kann genießen, dass ich meine Beine bequem über einen Stuhl lege, dass ich einen gesunden Körper habe, dass ich meine Zehen bewegen kann, ja, es gibt so vieles, was mich in jedem Moment mit ehrlicher Freude und Glück erfüllen kann!

> Das Leben ist ein großer Tanz, ein riesiges Wunder.
> Und ich muss nichts dafür tun – ich muss nicht einen
> bestimmten Mann haben, ich muss auch nicht an
> einem Strand im Süden sein, denn das Glück ist in mir!

Als ich zu meiner Reise aufbrach, um mehr über mich und die Welt zu erfahren, nahm ich dieses Gefühl mit. Ich sprach mit Weisen und Heilern darüber, und allmählich ging mir auf, woher die vielen Probleme kommen, mit denen wir uns abquälen. Sie wurzeln tief in uns, in unserer Erziehung, unseren Vorstellungen, unseren Meinungen – und eben in unseren Gedanken. Ich lernte, dass wir uns von alldem befreien können. Wir müssen nur die Ursachen unserer Probleme verstehen und an ihnen arbeiten, aufrichtig und hingebungsvoll. So drang ich Schritt für Schritt zu den Wurzeln des Unglücklichseins vor, zu den Roots. Wir sollten sie alle kennen, denn jeder ist mehr oder weniger von ihnen betroffen.

Eine der Hauptursachen für das Unglücklichsein, das lernte ich als Erstes, sind unsere Gedanken. Meist nisten sie so tief im Unterbewusstsein, dass wir sie gar nicht erkennen. Doch sie sind nicht unüberwindlich. Durch Bewusstseinsarbeit können wir eine Gedankenfessel nach der anderen lösen. Das befreit nicht nur, wir können auch unsere Beziehungen ganz anders sehen.

Wir neigen dazu, uns mit unseren Gedanken zu identifizieren –
und gehen davon aus, dass sie richtig sind. Wenn jemand etwas
anderes denkt, greifen wir ihn deshalb an. Dabei verkennen wir,
dass wir im Grunde alle das Gleiche wollen: Liebe und Glück. Doch
es gibt unterschiedliche Wege dorthin, und jeder ist legitim. Wir sollten
anerkennen, dass wir aus Energie bestehen, nicht aus Gedanken.
Wir sind Lichtwesen, und wir gehören alle zusammen. Gloria C. Ramirez

Durch Gloria wurde mir bewusst: Wir haben vergessen, dass wir göttliche
Wesen sind, weil wir begonnen haben, uns nur noch mit unseren Gedanken
zu befassen. Solange wir ihnen Glauben schenken und uns mit ihnen identifizieren, sind wir genötigt, sie zu verteidigen. Ich fühle mich dann persönlich angegriffen, wenn jemand etwas anderes behauptet als ich. Dabei könnte
ich einfach sagen: »Ich denke halt etwas anderes darüber«, ohne mich pro-
voziert zu fühlen.

Vermutlich sind wir so fasziniert von kleinen Babys, weil sie noch nicht denken. Ich glaube nicht, dass es nur am Kindchenschema liegt, an den großen
Augen und der gewölbten Stirn, die unsere biologisch geprägten Beschützer-
instinkte wecken. Babys wirken unschuldig auf uns, deshalb haben sie diese
fast magische Anziehungskraft. Sie sind pure Existenz und ruhen in sich –
ohne Gedanken, ohne Überzeugungen, ohne Aggression. Und im Grunde
sehnen wir uns alle nach diesem Ruhezustand. Deshalb fühlen wir uns tief
mit ihnen verbunden.

Wir alle waren einmal Babys, unschuldig und rein wie ein unbeschriebenes
Blatt Papier. Doch im Laufe unseres Lebens entfernen wir uns immer weiter
von diesem Zustand des Nicht-Denkens. Und mit den ersten Gedanken regt
sich dann auch die Bereitschaft, sie zu verteidigen. Der Angriffsmodus wird
früh erlernt, mit Rückenwind durch die Erziehung. Schon kleine Kinder
streiten erbittert, um sich in der Gruppe durchzusetzen. Sie fühlen sich persönlich herabgesetzt, wenn sie kritisiert werden. Dieses Muster tragen sie
auch ins Erwachsenenleben hinein. Wie viel Streit, wie viel Feindschaft, wie
viele Kriege entzünden sich daran, dass Menschen einfach nur verschiedene
Gedanken haben. Sie aber glauben, sie selbst seien es, die sich verteidigen
müssten. Dazu gibt es einen schönen Spruch: »Do you want to be right, or do
you want to be happy?« – Willst du recht haben oder willst du glücklich sein?

Gedanken trennen uns voneinander, weil wir unsere Gedanken für unser Ich halten. Schon komisch, dass wir dennoch so stolz auf das Denken sind. Immerhin: Der Homo sapiens unterscheidet sich von den Tieren bekanntlich dadurch, dass er überhaupt denken kann und nicht nur Instinkten folgt. Der Mensch besitzt Geist und Verstand, kann reflektieren und abwägen, was er tun will. Unsere gesamte Zivilisation beruht darauf, unsere Systeme, unsere Vorstellungen über das Leben.

Mittlerweile sind die Gedanken aber zu unserem größten Hindernis geworden. Wir sind nahezu besessen von ihnen. Gedanken steuern unsere Wahrnehmung, sie steuern sogar unsere Gefühle und sie können uns regelrecht versklaven. Dann werden sie zum Handlungsgesetz und drängen alles andere beiseite.

Die Natur des Denkens besteht darin, dass wir bewerten, vergleichen, analysieren, limitieren, definieren. Das führt dazu, dass wir die Realität in Gegensätze einteilen. Wir unterscheiden zwischen Gut und Böse, Richtig und Falsch. Das kosmische Bewusstsein dagegen ist multidimensional. Es engt uns nicht ein, und daher können wir viele verschiedene Perspektiven einnehmen. Kiara Windrider

Gedanken sind letztlich abstrakt. Sie sind nicht die Sache selbst, sondern Ausdruck einer Interpretation. Sie schieben sich zwischen uns und die Wirklichkeit – so wie meine negativen Gedanken auf der Terrasse mich zunächst davon abhielten, die absolute Schönheit des Moments wahrzunehmen. Ich war da, doch ich war nicht anwesend. Was anwesend war, war mein Verstand, der Gedanken über Gedanken auftürmte und mich völlig blockierte. Deshalb konnte ich nur Schwarz und Weiß sehen. Und in diesem Fall war ich davon überzeugt, dass ich ein Opfer sei und der Mann, der mich verlassen hatte, ein Täter.

Das ist polares Denken, das Denken in Gegensätzen. Heute sehe ich es völlig anders. Mittlerweile bin ich dem Mann, der mich verlassen hat, extrem dankbar. Warum? Weil er mir die Augen für meine Gedankenfixiertheit geöffnet hat. Was ich erlebte, war das Wunder der Vergebung, jenseits der Gedanken. Und so wurde meine größte Lebenskrise zum Auslöser für einen wundervollen Bewusstseinswandel.

Es gibt ein sehr schönes Kinderbuch von Neale Donald Walsch: *Die kleine Seele und die Erde*. Darin wird von einer Seele erzählt, die auf der Erde inkarnieren will, um zu lernen, wie man verzeiht. Eine zweite Seele kommt ihr zu Hilfe und bietet ihr liebevoll an, ihr auf der Erde das Schlimmste anzutun, was man einem Menschen antun kann, und sie dadurch zu erlösen. Sinngemäß sagt diese zweite Seele: Du wirst wütend, verletzt und traurig sein, aber dann wirst du erleben, dass du dieses Erlebnis transformieren kannst – im Verzeihen.

Insofern kann es sein, dass meine größten Feinde meine besten Seelenpartner sind. Sie zeigen mir, wie ich die Polarität der Gedanken auflösen kann. Vielleicht meinte Jesus diese Auflösung von Gegensätzen, als er uns dazu aufrief »Liebet Eure Feinde!«

Das ist erwachendes Bewusstsein. Als ich dies verstand, machte es gleichsam »klick« in mir. Die negativen Gedanken verschwanden, und ich spürte diese unglaubliche Freude, auf der Welt zu sein.

*Ich glaube, wir sollten so mutig sein, uns bei den Begleitern zu bedanken, die uns beim Erwachen helfen – auch wenn sie zunächst nicht nur unserer Freude und unserem Glück dienen.*

Wir brauchen sie, um unsere Bestimmung zu finden und aufzuwachen. Sie begleiten uns ein Stück des Weges, legen den Finger in die Wunden, fügen uns Schmerzen zu. Doch es ist ein heilender Schmerz. Er macht uns die Macht unserer Gedanken bewusst und führt uns vor Augen, dass wir sie loslassen dürfen.

Sobald wir die Macht der Gedanken durchbrechen, werden wir lebendig. Wir können wieder spontan empfinden, ohne uns mit der Vergangenheit zu belasten. Wir jammern nicht: »Dies oder das ist mir widerfahren, der oder die ist schuld.« Stattdessen sind wir bereit, allein unserer momentanen Wahrnehmung zu trauen. Wir werden durchlässig für das, was ist, und können uns in unserer inneren Fülle erleben. Dafür ist das folgende Tool gedacht. Wende es täglich an, wenn du magst.

## ENTLASSE DIE GEDANKEN

Du kennst das Gefühl: Abends liegst du im Bett und versuchst, dich zu entspannen. Doch du kannst nicht einschlafen. Machtvoll stürzen die Gedanken an die Erlebnisse des Tages auf dich ein, vor allem die unangenehmen – der Streit mit einem Freund, der Ärger über die verspätete Bahn, der Eindruck, du hättest nicht alles geschafft, was du dir vorgenommen hast. Doch es geht noch weiter: Du denkst auch an den folgenden Tag, an Termine, die dir bevorstehen, an lästige Arbeiten, die du erledigen musst. Kein Wunder, dass du nicht einschlafen kannst. Warum? Weil du dich mit deinen Gedanken identifizierst. Dieses Tool hilft dir, dich sanft von deinen Gedanken zu lösen.

**Schritt 1:** Setze oder lege dich entspannt hin.
**Schritt 2:** Lausche deinem Herzschlag. Spüre, wie dein Herz das Blut durch deine Adern pumpt und deine Zellen mit Sauerstoff versorgt.
**Schritt 3:** Reise mit dem Blut durch deinen Körper. Fühle seine Kraft. Fühle das Glück, dass er dir geschenkt wurde.
**Schritt 4:** Denke liebevoll an deine Organe, deine Hände, deine Füße. Hülle dich ganz in das Gefühl ein, dass du lebendig und unzerstörbar bist. Jetzt. Für immer.
**Schritt 5:** Atme ganz ruhig und regelmäßig und hilf auf diese Weise mit, dieses Wunderwerk – deinen Körper – mit Energie zu füllen. Du ruhst in dir. Alles andere ist unwichtig. Du darfst glücklich sein, weil du im Jetzt das Glück findest.

# Überzeugungen als Gefängnis

Es ist ein großer Schritt zum erwachenden Bewusstsein, wenn wir unsere Gedanken entlassen. Sie kommen, sie gehen, aber wir wissen: Sie haben nichts mit unserer Identität zu tun. Falls uns das nicht klar wird, bleiben wir den Gedanken ausgeliefert. Und dann engen sie nicht nur unsere Wahrnehmung ein, sondern erschaffen auch unsere Realität.

> Gedanken haben eine energetische Macht, weil wir durch sie bestimmte Frequenzen aussenden, die sich daraufhin in unserem Leben manifestieren.

Wenn ich als Kind gehört habe »Das wirst du nie schaffen« oder »Du bist es nicht wert«, dann glaube ich fest daran. Manche Mütter sagen ihren Töchtern: »Schau dir deinen dicken Hintern an! Dich wird kein Mann wollen, wenn du so weiterisst!« Und das soll dann auch noch ein liebevoller Rat sein? Je öfter ein Mädchen so etwas hört, desto unbeirrbarer wird es später glauben: »Wenn ich dick bin, wird mich niemand lieben.« Tja, und genau das wird dann auch eintreffen.

Wir bekommen also immer genau die Realität, an die wir glauben, weil sie auf den verankerten Gedanken beruht. Sie verfestigen sich zu Glaubenssätzen, den Überzeugungen. Und damit sind wir auch schon bei der nächsten Wurzel unserer Probleme. Durch Interpretationen und Meinungen von außen prägen sich uns Glaubenssätze ein. Ob sie wahr sind oder nicht – wir sind fest von ihnen überzeugt.

George I. Gurdjieff sagte einmal: »Die Menschen leben in einem
selbst geschaffenen Gefängnis. Den meisten reicht es, die Möbel
in diesem Gefängnis umzustellen, und sie nennen das Freiheit.«
Anstatt die Realität so wahrzunehmen, wie sie ist – geheimnisvoll,
lebendig, glänzend, unvorhersehbar –, haben die meisten von uns ihre
Glaubenssätze verinnerlicht. Wir ziehen es vor, in unseren Glaubenssätzen zu leben, statt in der Realität selbst. Arjuna Ardagh

Auch ich hatte in solch einem Gefängnis gelebt. Und auch ich hatte einige
Möbel umgestellt. Hatte verschiedene Dinge ausprobiert, die Schauspielschule, das Regiestudium, das Studium der Psychologie, die Arbeit als Filme-
macherin. Ich hatte also viel verändert, doch meine Glaubenssätze waren
geblieben. Wer hatte sie mir eingeimpft? Und warum hatte ich das nicht bemerkt?

*Ohne es zu ahnen, trug ich allerlei Überzeugungen
mit mir herum, die mich an echten Veränderungen
hinderten. Sie reichten so weit in die Kindheit
zurück, dass ich mich gar nicht mehr erinnern
konnte, wie sie eigentlich entstanden waren.*

Dazu möchte ich eine kleine Geschichte erzählen. Vor einigen Jahren erlebte
ich, wie ein kleiner Junge versehentlich ein Glas Milch umstieß. Seine Mutter
sah ihn strafend an und sagte: »Du bist so ungeschickt!« Er achtete nicht
weiter darauf. Wenig später stieß er aus Versehen ein Glas Apfelsaft um, und
wieder wurde er zurechtgewiesen: »Siehst du, du bist eben ungeschickt!«
Diesmal verankerte sich die Bewertung der Mutter. Der kleine Junge sagte
fortan selbst über sich, er sei tollpatschig. Den Rest seines Lebens wird er von
diesem Glauben bestimmt sein.
Den meisten von uns ergeht es ähnlich. Und irgendwann ist dann die Zu-
schreibung von außen zum inneren Programm geworden, dessen »Beweis«
täglich erbracht wird: eine Selffulfilling Prophecy. Über dieses Phänomen
diskutierte ich mit Bruce Lipton.

> Als Kinder verinnerlichen wir Programme, die uns das Leben und seine Bedeutung erklären. Wir übernehmen sie von Lehrern, zu denen auch die Eltern gehören. Gleichzeitig lernen wir, dass es für jede Frage Fachleute gibt, die alles wissen – während wir scheinbar nichts wissen. Deshalb stellen wir diese Fachleute auch nicht infrage. Bruce Lipton

O ja, das kannte ich. Es hatte viele »Besserwisser« in meinem Leben gegeben. Auch ich hatte mir früh angewöhnt, andere für kompetenter zu halten und nicht meinem eigenen Denken und Empfinden zu trauen. Dieser Mechanismus setzt nach der Beobachtung von Bruce in den ersten sechs Lebensjahren ein und wird dann beibehalten. Meist ist uns das gar nicht bewusst. Wir halten für unsere eigene Meinung, was letztlich nur übernommene Überzeugungen sind.

Das kann man sich ganz leicht klarmachen, indem man sich fragt: Wer flog am 11. September 2001 in die Twin Towers? Waren amerikanische Astronauten auf dem Mond? Hat sich der Golf von Mexiko nach der verheerenden Ölkatastrophe wieder ökologisch erholt? Die Medien beantworten alle diese Fragen mit Ja. Bist du sicher? Hast du das selbst erlebt?

Das Fatale ist: Dieses ganze unselige Paket aus Meinungen, Informationen und Glaubenssätzen wird tief in unser Unterbewusstsein gesenkt. Und in dem Moment, in dem wir eine Entscheidung treffen müssen, rufen wir alles unwillkürlich wieder ab. Wir denken, dass wir selbstbestimmt handeln, aber weit gefehlt: Automatisch folgen wir den erlernten Überzeugungen.

> Erwachen heißt: sich der übernommenen
> Programme und Überzeugungen bewusst
> zu werden.

Vor Kurzem erlebte ich, was passiert, wenn wir solche Glaubenssätze als Erwachsene nicht reflektieren. Einer Freundin von mir wurde von ihrer Mutter immer wieder eingetrichtert, dass man Männern nicht vertrauen darf. Alle Männer lassen Frauen mit schöner Regelmäßigkeit sitzen, davon war die Mutter felsenfest überzeugt. Meine Freundin glaubte daran und »adoptierte« diese Überzeugung. Deshalb tat sie etwas ziemlich Irrwitziges: Immer wenn sie in einer Beziehung am glücklichsten war, trennte sie sich von dem betreffenden Mann. Sie floh, bevor sie verlassen werden konnte – obwohl die Männer gar nicht vorhatten, sie zu verlassen. Es war nur ihre fixe Idee. Es war ihr Glaubenssatz.

Ist das nicht erschreckend? Und doch ist es fast die Regel, dass uns die Botschaften des Unterbewusstseins in fatale Richtungen steuern. Ohne Not tun wir Dinge, die uns schaden, weil wir die Situation völlig falsch einschätzen. Wir hören nicht auf unsere Intuition, sondern befolgen geheime Befehle, weil wir uns nicht bewusst machen, was mit uns los ist. Deshalb ist es wichtig, sich von allen Glaubenssätzen zu befreien.

Gedanken sind nicht die Realität. Doch sie formen die Realität. Sobald Gedanken zu festen Überzeugungen werden, ist das sehr anstrengend. Wir investieren eine Menge Energie in eine Richtung, in die diese Energien nicht gehören. So vergeuden wir unsere einzigartige Essenz. Jackie O'Keeffe

Die Welt spiegelt, was wir aussenden. Es ist ein Feedback Loop. Sobald ich unbewusst glaube »Ihr liebt mich nicht, weil ich es nicht wert bin, geliebt zu werden«, deute ich jede unwichtige Kleinigkeit sofort als Bestätigung dieser Annahme. Im schlimmsten Fall reagiere ich aggressiv und werde dann tatsächlich nicht gemocht. Von all den großartigen Möglichkeiten und Optionen bleibt nur noch ein winziger Rest zurück.

Die Pointe ist, dass wir uns durch Glaubenssätze wirklich eine Realität erschaffen. Es heißt dann nicht: »What you see is what you get«, sondern »You get what you believe«. Wenn wir es aber erst einmal geschafft haben, unsere eigene Realität ohne Glaubenssätze zu betrachten, können wir es auch im weiteren Sinne tun: Wir entdecken eine neue Welt.

Stellen wir uns vor, was alles außerhalb unserer Überzeugungen existiert: Energien, Informationen, Liebe, Freude, Glück.

Doch viele sehen gar nicht, was sie da Großartiges umgibt. Sie halten es gar nicht für möglich. Der Schriftsteller Robert Musil hat einmal davon gesprochen, es gebe einen Möglichkeitssinn. Und genau den müssen wir ausbilden und trainieren, wenn wir uns und das Universum in seiner ganzen Schönheit erfahren wollen. Auch wenn es nur ein alter Werbespruch ist, er stimmt einfach: »Nichts ist unmöglich!« Doch wir sind so paralysiert durch unsere Überzeugungen, dass wir lieber bei unserer eingeschränkten Wahrnehmung bleiben.

Ervin László hat mir dazu eine Geschichte erzählt, die er bei der Anthropologin Margaret Mead gelesen hat: Als die Einwohner Polynesiens zum ersten Mal am Horizont ein Schiff auftauchen sahen, nahmen sie es gar nicht wahr. Sie glaubten einfach nicht, dass so etwas existieren könne. Deshalb ignorierten sie es – »weil nicht sein kann, was nicht sein darf«, wie Ringelnatz mal so schön gedichtet hat. Was also nicht im Sinne der Glaubenssätze erklärt werden kann, muss ein Irrtum sein, existiert einfach nicht. Ervin erwähnte noch ein weiteres Beispiel:

Man hat Naturvölkern, die noch keine Berührung mit der Zivilisation hatten, Fotografien von Menschen gezeigt. Doch sie erkannten nichts auf den Fotos, weil sie sich nicht vorstellen konnten, dass man Menschen auf diese Weise abbilden kann. Was wir daraus lernen: Wir sehen nur die Realität, an die wir glauben – das heißt, wir selektieren und filtern unsere Eindrücke so lange, bis sie zu unseren Glaubenssätzen passen. Ervin László

Aber wie erkenne ich diese vertrackten Glaubenssätze? Nun, sie sind verbunden mit starken Gefühlen, vor allem mit Ängsten. Eine der stärksten Ängste ist, nicht anerkannt zu sein, nicht geliebt zu werden oder nicht gut genug zu sein. Das sind zwar Konstrukte, die wir selbst durch unsere Überzeugungen erschaffen, wie das Beispiel meiner Freundin zeigt, dennoch haben sie eine reale Wirkung. Meine Freundin konnte keinem Mann vertrauen und schuf sich dadurch eine niederschmetternde Wirklichkeit – genau die Realität, die ihre Glaubenssätze zu bestätigen schien.

Ich habe die Erfahrung gemacht, dass Gefühle in den meisten Fällen die letzten Entscheidungsträger sind. Wobei wir immer berücksichtigen müssen, dass unsere Gefühle sehr stark von unseren Gedanken beeinflusst werden. Deshalb spüren wir die Dinge nicht mehr so, wie sie tatsächlich sind, sondern sie bleiben in den Filtern unserer Gedanken und Glaubenssätze hängen.

Wir können die Realität in ihrer Fülle erleben,
sobald wir unsere Glaubenssätze durchschauen.
Sonst findet das Leben für immer in der
Beschränkung statt, als Wiederholung alter
Programme und Überzeugungen.

Ist das nicht verrückt? Die meisten Menschen wissen gar nicht, wer sie sind. Sie glauben lieber, was andere über sie sagen. Deshalb erkennen sie nicht ihre Potenziale. Sie nehmen ihre Eigenschaften und Begabungen gar nicht richtig wahr, sondern sind fixiert auf das, was sie übernommen haben. Die Glaubenssätze haben eine unglaubliche Macht über sie. Wenn sie nicht im Kontakt mit ihrem Unterbewusstsein stehen, werden sie ihre Glaubenssätze vielleicht nie auflösen können.

Ich bin in einem Akademikerhaushalt aufgewachsen, in einem gutbürgerlichen Umfeld. Mein Vater leitete eine Schule, die mein Großvater gegründet hatte. Ich hatte wundervolle Eltern, die mich in einer Welt der Bildung und der Musik erzogen. Wissen und Leistung waren immer extrem wichtig. Doch damit war auch ein Auftrag verbunden: Schau her, in dieser Welt musst du dich beweisen! Es gibt eine lustige Geschichte, die zeigt, welche Überzeugungen ich mit auf den Weg bekommen habe. Als ich meinem Vater sagte, welchen Namen ich meinem wundervollen kleinen Sohn geben wolle, war seine erste Reaktion: »Ah – Dr. Moritz Roland. Das hört sich gut an!« Tja, ich selbst habe es in seinen Augen »nur« zum Magister gebracht – und es ist mir völlig egal. Ich habe mich glücklicherweise bald von der Überzeugung gelöst, ich müsse ein respektables Mitglied der akademischen Welt sein, und habe meinen ganz individuellen Weg eingeschlagen.

Glaubenssätze loszulassen ist allerdings eine komplizierte Angelegenheit, da sie so weit in unser Unterbewusstsein zurückreichen. Trotzdem können wir sie erkennen. Nämlich daran, dass wir plötzlich schlechte Gefühle haben, Trauer, Wut oder Niedergeschlagenheit empfinden. Das betrifft besonders die Angst. Auch ich hatte erst einmal Angst, was aus mir wird, als ich mich nicht nach den Vorstellungen meiner Eltern entwickelte und stattdessen Schauspielunterricht nahm und Theaterregie studierte.

Wenn wir uns mit unseren Gedanken und Glaubenssätzen identifizieren, haben wir ständig Angst, etwas zu verlieren. Statt unser Leben und unser Bewusstsein in seiner Fülle zu erforschen, prägen wir Verhaltensweisen des Widerstands und der Vermeidung aus. Wir haben Angst, etwas zu riskieren – aber genau damit riskieren wir, unser Leben zu verfehlen. Ist das nicht paradox? Kiara Windrider

Die Vermeidungsstrategien, die Kiara nennt, sind uns allen vertraut. Aus Angst, nicht geliebt zu werden oder zurückgewiesen zu werden, ziehen wir uns zurück und rauben uns jede Chance, Liebe zu erfahren. Aus der Überzeugung heraus, dass wir ungeschickt sind, fürchten wir uns vor der nächsten Tollpatschigkeit und sind gehemmt. Oder wir verlassen einen Mann, aus Furcht, er könnte uns verlassen. Das ist wirklich paradox.

Ein ganz einfacher, aber sehr verbreiteter Glaubenssatz ist zum Beispiel, dass man unbedingt ein tolles Auto fahren sollte. Immer noch schuften viele Leute für ein besonders teures, beeindruckendes Auto. Doch wenn sie es dann haben, beginnen die Ängste: Sie fürchten, dass es gestohlen wird oder dass es einen Kratzer abbekommt. Oder dass bald schon das nächste Modell auf den Markt geworfen wird, das sie unter Zugzwang setzt. Gleichzeitig verzichten sie auf vieles andere, das ihnen Freude bereiten könnte, weil sie ihr gesamtes Geld in diese Überzeugung investieren. Eine spontane Reise zu Freunden, ein Festessen für die Familie, ein schönes Geschenk für die Mutter – all das versagen sie sich.

Die vielleicht lähmendste Begleiterscheinung unserer Überzeugungen ist, dass wir uns selbst alles verbieten, was jenseits der Glaubenssätze liegt. Im Internet habe ich mal eine Aufstellung der Krankenschwester Bonnie Ware gelesen, was Menschen auf dem Sterbebett bedauern. Auf Platz eins stand die Erkenntnis: »Ich wünschte, ich hätte den Mut gehabt, mein eigenes Leben zu leben.« Bonnie Ware schreibt dazu: »Wenn die Menschen realisieren, dass ihr Leben zu Ende geht, nehmen sie auch bewusst wahr, welche Träume unerfüllt geblieben sind.« Deshalb müsse man seine Träume ausleben: »Von dem Moment an, an dem du deine Gesundheit verlierst, ist es dafür zu spät.« Auf Platz zwei stand die Einsicht: »Ich hätte weniger arbeiten sollen.« Diesen Satz hätte sie von nahezu jedem Mann gehört, den sie in den letzten Minuten seines Lebens betreute, sagt Bonnie Ware.

Auf Platz drei folgte der Satz: »Ich wünschte, ich hätte den Mut gehabt, meine Gefühle zu zeigen.« Viele Menschen würden ihre wahren Gefühle unterdrücken, um mit anderen Menschen in Frieden zu leben, so die Krankenschwester, und genau das sei das Falsche. Platz vier belegte das Eingeständnis: »Ich wünschte, ich wäre in Kontakt mit meinen Freunden geblieben.« Viele Patienten hätten ihre alten Freunde nie richtig geschätzt, schreibt Bonnie Ward. Das ändere sich erst in den letzten Wochen ihres Lebens: »Jeder vermisst seine Freunde, wenn er stirbt.« Und auf Platz fünf der Liste des Bedauerns stand der nun vergebliche Wunsch: »Ich hätte mich selbst glücklicher leben lassen sollen.«

Es waren also nicht die Dinge, welche die Sterbenden getan hatten, sondern jene, die sie nicht getan hatten, die ihnen zu schaffen machten. Sie hatten sich nicht getraut, bestimmte Sachen auszuprobieren – blockiert von ihren Überzeugungen. Erst im Angesicht des Todes fragten sie sich: Wäre es wirklich ein Risiko gewesen? Warum habe ich nicht einfach getan, worauf ich Lust hatte? Die Antwort kennen wir: Die »Wächtergefühle« der Überzeugungen hatten sie zurückgehalten.

Normalerweise beschäftigen wir uns ausgiebig mit schlechten Gefühlen, statt zu hinterfragen, woher sie kommen. Wir geben ihnen Raum, denken unablässig über sie nach und lassen sie zum Regisseur unserer Handlungen werden. Dummerweise kommen wir nicht auf die Idee, dass sie ein Zeichen von etwas ganz anderem sind: von hemmenden Glaubenssätzen. So werden wir immer furchtsamer und kreisen in immer engeren Bahnen.

Schlechte Gefühle sind ein Signal dafür, dass wir in Konflikt mit unseren Glaubenssätzen geraten. Wir wollen vielleicht sogar ausbrechen, doch sie halten uns machtvoll fest.

So wie die Gedanken und Glaubenssätze sind auch unangenehme Emotionen nicht ein Teil von uns, sondern erlernt. Negative Gefühle sind verknüpft mit übernommenen Überzeugungen. Wer glaubt, nicht gut genug zu sein, wird sich niemals über einen Erfolg freuen können. Er wird sich auch nichts Gutes tun, weil er meint, dass ihm das nicht zusteht. Selbst positive Erlebnisse sind dann mit Schuldgefühlen behaftet und mit der Angst, man könnte das Schöne wieder verlieren.

Ich kenne zum Beispiel Menschen, die einen guten Job haben, aber insgeheim denken: »Das habe ich doch gar nicht verdient. Hoffentlich merkt keiner, dass ich eigentlich nicht kompetent genug bin.« Oder sie werden gelobt und fühlen sich wie Hochstapler, die ihre Leistung nur vortäuschen. Insofern sollten wir sehr achtsam sein, wenn uns solche Gefühle übermannen.

Du wirst deine Schuldgefühle und deine Ängste niemals loswerden, wenn du ihnen Macht einräumst. Sie sind einfach nur eine unerwünschte Energie. Sie sind weder gut – sodass wir sie halten sollten – noch schlecht – sodass wir sie unterdrücken sollten. Im Grunde sind sie Phänomene, die mit uns nichts zu tun haben. Lester Crane

Lester schildert mit einem gut nachvollziehbaren Bild, wie wir mit solchen Gefühlen umgehen können. Er vergleicht sie mit einem Splitter im Finger. Und er fragt: Würden wir lange darüber nachdenken, wie der Splitter in den Finger hineingekommen ist? Wie groß er ist? Welche Farbe er hat? Nein, wir würden auf der Stelle eine Pinzette nehmen und den Splitter herausziehen. Mit negativen Gefühlen sollten wir es genauso machen. Wir sollten nicht lange fragen, wie sie beschaffen sind oder was sie mit uns anstellen. Wir sollten auch nicht stundenlang mit anderen darüber reden, wie schlecht wir uns fühlen. Stattdessen sollten wir diese Gefühle sofort loslassen, bevor sie uns weitere Schmerzen zufügen.

### ÜBERZEUGUNGSINVENTUR

Ein sehr aufschlussreiches Tool, das ich während meiner Avatar-Ausbildung gelernt habe. Mit seiner Hilfe kannst du feststellen, ob deine Überzeugungen hilfreich oder schädlich sind. Nimm ein Blatt Papier zur Hand und notiere jeweils drei Dinge …

… die du über dich selbst glaubst.

… die du über Beziehungen glaubst.

… die du über Geld glaubst.

… die du über Arbeit glaubst.

… die du über deine Fähigkeiten glaubst.

… die du über deine Gesundheit glaubst.

… die du über deine Familie glaubst.

… die du über die Zukunft glaubst.

Halte hinter jeder Überzeugung fest, ob du sie als hilfreich (H) oder behindernd (B) erfährst.

Als ich diese Übung das erste Mal gemacht habe, war ich erstaunt und erschrocken, wie viele hinderliche Überzeugungen ich in Bezug auf mich selbst und mein Leben hatte. Und all diese Überzeugungen waren letztendlich Miterschaffer der Realität, die ich erfuhr. Was für ein Glück, dass ich lernen durfte, meine hinderlichen Überzeugungen zu entlarven und aufzulösen.

Die Glaubenssätze und die sie begleitenden Gefühle gehören nicht zum Ich. Vor allem aber entstammen sie der Vergangenheit und sind somit hinderlich für das Jetzt. Ich musste mir das immer wieder klarmachen, denn auch ich hatte einige Überzeugungen, die ich erst einmal überwinden musste. Mir wurde zum Beispiel als Kind immer gesagt, ich würde zu Übergewicht neigen. »Du hast schwere Knochen«, erklärte mir meine Mutter, »deshalb wirst du nie eine Gazelle sein.« Prompt ging ich diesem Selbstbild auf den Leim und futterte drauflos. Sobald ich versuchte abzunehmen, übermannte mich Mutlosigkeit, und ich dachte: Das schaffst du nie. Erst vor wenigen Jahren hat sich das geändert. Heute bin ich »schlank wie eine Gazelle«, weil ich erkannt habe, dass mein Übergewicht nur eine übernommene Überzeugung war.

Deshalb ist für mich das folgende Tool so wichtig, das ich Lester Cranes »Abundance Course« verdanke. Es ist atemberaubend, wie intensiv es wirkt. Ich konnte es kaum glauben, bis ich es selbst ausprobiert hatte.

### ÖFFNE EIN FENSTER

Das Tool beruht darauf, dass wir meist ein schlechtes
Gefühl haben, wenn eine Überzeugung aus dem
Unterbewusstsein auftaucht, oftmals begleitet von Wut,
Angst, Zweifel, Neid oder Trauer. Sobald du von solch
einem unerwünschten Gefühl überwältigt wirst, stelle dir
vor, dass du in deiner Brust und in deinem Bauch ein
Fenster öffnest, durch das du dieses Gefühl entlässt.
Es fliegt einfach weg.
Mit diesem Tool kannst du das verborgene Menü deines
Unterbewusstseins aufrufen und wirkungslos machen.
Visualisiere klar und deutlich, wie sich das Fenster öffnet,
dann lass das Gefühl los. Es gehört nicht zu dir, es ist nur
die Begleiterscheinung eines Kampfes zwischen deinem
Ich und deinem Glaubenssatz. Schütze dein Ich, indem
du jedes Mal ein Fenster öffnest, wenn die schlechten
Gefühle kommen. Das ist erwachendes Bewusstsein.

# Vergleichen und bewerten

*Drei Worte genügen, um alles Trennende zu überwinden.*

Wir erleben es schon als kleine Kinder: Immerzu werden wir bewertet und mit anderen verglichen. Wir bekommen zu hören: »Sieh doch, der Philipp spielt ganz brav, aber du machst immer nur Unsinn.« Oder: »Das Bild, das du gemalt hast, ist ja ganz schön, aber die Sonne hast du nicht richtig gemalt, die muss gelb sein.« Wir erfahren, dass wir nicht »richtig« sind, solange wir anders sind oder etwas anderes tun, als vorgegeben. Damit ist eine klare Orientierung festgelegt: Sei so wie die Vorbilder, die man dir zeigt, dann wirst du auch anerkannt.

Daraufhin bewerten und vergleichen wir umgekehrt natürlich auch unser Umfeld. Wir selektieren, wer ins Muster passt und wen wir als abweichend empfinden. »Mein Papi ist viel netter als deiner«, heißt es dann im Kindergarten. Oder: »Mein Bild ist aber das schönste!« Später hört sich das so an: »Mein Haus ist viel größer als deins.« Oder in der negativen Variante: »Du hast ein viel besseres Leben als ich, das ist ja so ungerecht!«

Wir lernen also, uns zu sozialisieren, indem wir vergleichen und bewerten – und indem wir uns vergleichen und bewerten lassen. Wir stehen nicht zu unserer Einzigartigkeit, sondern definieren uns im Verhältnis zu anderen.

Bei meinen vielen beruflichen Reisen in die Metropolen dieser Welt bin ich jedes Mal fasziniert von der Menge an grauen, nicht wirklich gut gelaunten Anzugträgern, mit denen ich die Frühmaschinen besteige. Sind diese Anzüge bequem? Sind sie wirklich das, worauf der Träger Lust hat, um einen neuen, aufregenden Tag seines Lebens zu beginnen? Oder ist der morgendliche Ratgeber bei der Wahl des Outfits die Angst, bewertet zu werden?

Bei einem meiner Kindercastings hatte ich vor einigen Jahren eine Begegnung, die mich noch heute bewegt: Ich hatte ein achtjähriges, zartes blondes Mädchen vor mir, das mit grünem Lidschatten erschienen war. Als ich ihr für das Casting eine Jeans anziehen wollte, widersprach sie mir heftig und servierte mir prompt eine übernommene Überzeugung ihrer Mutter: »Meine Mami hat gesagt, ich soll nur kurze Röcke anziehen, sonst sehe ich nicht sexy aus.« Ich wüsste gern, was aus diesem kleinen Mädchen geworden ist.

> Zweifellos liegt es in der Natur des menschlichen Geistes, dass wir so ängstlich um Anpassung an erlernte Glaubenssätze bemüht sind.

Auf Vergleich und Bewertung basiert unsere gesamte Kultur, die ja der linken Hirnhälfte den Vorzug gibt, wo mathematisches Denken, Logik, Vergleich und Kontrolle lokalisiert sind. Die rechte Gehirnhälfte dagegen, wo Intuition, Fantasie und Emotionalität stattfinden, wird weit weniger beachtet. Deshalb beruhen unsere Lernprozesse wesentlich auf dem rational-mathematischen Comparing. Dieses Ungleichgewicht wird durch Erziehung und Bildung verstärkt und wirkt sich später auch im Alltag aus.

Lange scheint das gut zu gehen. Doch irgendwann stellen wir fest, dass wir unter dem ständigen Vergleich leiden. Sobald wir den Wunsch verspüren, wir selbst zu sein, prasseln auch schon die Bewertungen auf uns ein: »Warum willst du dein Leben ändern? Sieh mich an, sieh deine Kollegen an, wir wissen, wie das Leben bestens funktioniert. Was du vorhast, ist sinnlos, es ist falsch.« Selbst wohlmeinende Freunde entpuppen sich dann als unerbittliche Zensoren. Und die Botschaft ist immer die gleiche: Tu gefälligst , was man von dir erwartet und was als richtig bewertet wird.

Der menschliche Verstand ist so beschaffen, dass wir
vergleichen, bewerten und auswählen. Wenn wir das allerdings
ins Extrem treiben, fangen wir an, vieles zu verurteilen und von
uns wegzustoßen. Kiara Windrider

Solche Verhaltensweisen zerstören die Individualität und bauen zugleich
hohe Mauern zwischen den Menschen auf. Indem wir vergleichen und bewerten, versuchen wir, unsere Überzeugungen durchzusetzen. Alles soll so
sein, wie es den Glaubenssätzen entspricht, und was anders ist, lehnen wir ab,
auch in uns.

Mir hat es noch nie genützt, wenn ich mich mit jemand anderem verglichen
habe und zu dem Schluss kam: Derjenige ist besser oder schlechter als ich.
Um nicht gleich das Kind mit dem Bade auszuschütten: Natürlich haben
bestimmte Arten von Bewertung auch ihre Berechtigung – sonst wären wir
im Alltag völlig orientierungslos. Es ist absolut okay, dass wir auf dem Wo-
chenmarkt prüfen, ob die Pfirsiche reif sind. Oder dass wir abwägen, ob wir
besser den Zug nehmen oder mit dem Fahrrad zur Arbeit fahren. Aber schon
wenn es darum geht, mit wem wir unsere Zeit verbringen wollen, kommen
die Bewertungen ins Spiel. Dann fangen wir an, zu vergleichen und zu verurteilen. Dann folgen wir den Mustern unserer Glaubenssätze. Dann sind die
Raster da, dann ordnen wir alles in das verinnerlichte Wertesystem ein.
Was dabei passiert: Es gibt immer Sieger und Verlierer in diesem Spiel. Einer
steht immer besser da, der andere schlechter. Eine Rangfolge entsteht. Und
richtig wohl fühlen wir uns dabei nicht, weil immer ein Ungleichgewicht
entsteht. Das Vergleichen führt entweder zu Unzufriedenheit oder zu Miss-
achtung. Halten wir uns für besser, erheben wir uns über andere, halten wir
uns für schlechter, sinkt unser Selbstwertgefühl. Heute habe ich diese Dinge
hinter mir gelassen. Jeden Tag sage ich mir:

*Wow, ich bin anders! Wow, du bist
anders! Wir sind alle Blüten der
Individualität, die auf derselben
Pflanze wachsen!*

Das sind meine Besonderheiten,
die ich respektiere und wertschätze.

Wäre es nicht wunderbar, wenn wir einfach jeden Menschen in seiner Besonderheit anerkennen könnten? Wenn wir ihn respektieren und wertschätzen würden, so, wie er ist, ohne Überzeugungen, ohne Vergleich, ohne Bewertung? Dann könnten wir den ganzen Reichtum dieser Erde wahrnehmen, die vielen Facetten des Menschseins, die ungewöhnlichen Potenziale, die in uns und anderen existieren. An die Stelle der Bewertung träte die Empathie, und wir könnten uns gegenseitig unterstützen.

Letztlich zeigt sich im permanenten Vergleich eine große innere Unsicherheit. Wir suchen die Maßstäbe im Außen, statt uns auf unsere unverwechselbaren Eigenschaften zu besinnen. Egal, ob wir uns dadurch aufwerten oder abwerten – in Wahrheit macht es uns nie glücklich. Denn dieser Prozess lässt uns nirgendwo ankommen. Wir bleiben immer abhängig von der Werteskala, die uns vorgegeben wird, wir hecheln andauernd positiven Bewertungen hinterher. Und wir werden ziemlich streng mit anderen.

Wenn jemand einen anderen Menschen bewertet, dann hat er einen sehr starken inneren Kritiker in sich. Er projiziert also seine Selbstverurteilung und seine Selbstbeschuldigung auf jemand anders. Sobald ich bei meinen Lectures denke: Oh, das Publikum wird mich gleich bewerten, bin ich verloren. Also schiebe ich den inneren Kritiker beiseite und betrachte mich selbst mit Liebe und Respekt. Ich folge der Idee: Was auch immer ich bin und was auch immer ich tue, es ist gut, es ist vollkommen ausreichend. Thomas Young

Ich finde es befreiend, was Thomas beschreibt. Geraten wir nicht alle immer wieder in Situationen, in denen wir uns ängstlich fragen, ob es reicht? Ob wir den Maßstäben anderer gewachsen sind und von ihnen anerkannt werden? Diese Gefühle ähneln der Prüfungsangst. Und wir wissen ja, was die auslöst: Herzklopfen, Schweißausbrüche, Verunsicherung und Blockaden. In solchen Momenten haben wir kein Bewusstsein für uns selbst. Stattdessen kehren sich die schrecklichsten Glaubenssätze nach außen: »Ich kann weniger als andere. Ich schaffe das nicht. Gleich werden alle erkennen, wie erbärmlich ich bin.«

Die Liste lässt sich beliebig verlängern: »Ich bin eine schlechte Mutter.« Aber was ist eigentlich eine gute Mutter? »Ich bin hässlich.« Nach welchem Maßstab denn? »Ich sage immer das Falsche.« Wir können gar nichts Falsches sagen, nur passt es nicht immer zu den Bewertungskriterien anderer. »Ich bin in meiner Familie der Außenseiter.« Die übrigen Familienmitglieder urteilen, statt bedingungslos zu lieben. »Ich bin total unmusikalisch.« Jeder Mensch kann singen und tanzen – ob sich das gut anhört oder schön aussieht, sind nur Bewertungen.

Niemand würde negativ über sich denken, wenn er nicht irgendwann negative Urteile von anderen gehört hätte. Oder wenn er nicht Zeuge gewesen wäre, wie andere Ähnliches über Dritte geäußert haben. Die Neigung zum Vergleichen und Bewerten haben wir gleichsam eingeatmet, so lange, bis sie selbstverständlich geworden ist.

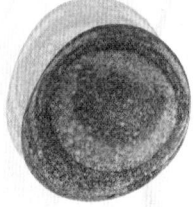

Das Bild, das wir normalerweise von uns haben, ist im Grunde ein Fremdbild, kein Selbstbild. Und es ist geprägt von Ängsten.

Wir werden nicht nur erzogen und beeinflusst, wir werden regelrecht geformt. Dennoch hegen wir dann noch die Illusion, dass wir Individuen seien, einmalig, unverwechselbar. Wir glauben, eine eigene Persönlichkeit zu haben. Treten wir einen Schritt zurück, sehen wir etwas anderes: einen weitgehend formatierten Menschen. Er ist panisch bemüht, gute Bewertungen zu bekommen, wie ein Musterschüler, der guten Zensuren nachjagt.

Natürlich unterscheiden wir uns von anderen, schon rein äußerlich. Auch innerlich unterscheiden wir uns in Temperament und Charakter. Das Selbst, das uns noch bleibt nach all dem, was wir an Bewertungen übernommen haben, ist allerdings meist nicht unser Ich, sondern unser Ego. So beschreibt es Maika Suneagle:

> Im Laufe der Jahre bilden wir allmählich eine Persönlichkeit heraus. Doch sie ist nicht das Ich. Sie ist, psychologisch gesprochen, unser Ego. Wir verwechseln also unser Ich mit unserem Ego. Und das ist ein Konstrukt aus Gedanken und Glaubenssätzen. Maika Suneagle

Maika erklärte mir, wie kleine Kinder lernen, ihr Ego auszubilden. Um zu überleben und sich wohlzufühlen, setzen sie alles daran, zu bekommen, was sie gern möchten. Dafür testen sie verschiedene psychologische, mentale und emotionale Strategien: Erhalte ich Aufmerksamkeit, wenn ich weine? Oder beachtet man mich mehr, wenn ich lache? Wie werde ich möglichst positiv bewertet? Was muss ich dafür tun? Es ist daher eine Frage der Taktik, dass Kinder die Strategien der Eltern kopieren und damit dann auch gleich deren Bewertungen übernehmen.

Man kann von einer komplexen psychologischen Software sprechen, die im Kind abgespeichert wird. Diese Software wird fortan bestimmen, was das Kind und später der Erwachsene denkt und fühlt. Maika nennt es einen inneren Dialog. Er kann sich in Gedanken zeigen, in Emotionen, in Bildern, aber immer handelt es sich um Ego-Strategien.

Um noch einmal auf das Beispiel meiner Freundin zurückzukommen: Indem sie der Bewertung ihrer Mutter zustimmte, dass alle Männer Schufte sind, wurde sie von ihr anerkannt. Hätte sie dagegen widersprochen, wäre es zum Konflikt mit der Mutter gekommen. Kein Wunder, dass sie sich an ihren furchtbaren Glauben klammerte: Ihre Mutter liebte sie ja dafür. Nur dass es leider mit den Männern nicht klappte.

Unsere Überzeugungen und die daraus folgenden Bewertungen sind deshalb so wirkungsvoll, weil sie ein Interaktionsmuster formen, das zunächst gut funktioniert. Wir bekommen, was wir wollen: Liebe und Anerkennung. Erst wenn wir erwachsen werden, zeigen sich die negativen Auswirkungen. Bewertungen sind nämlich abhängig vom Kontext. Wir übernehmen sie im

Kontakt mit der Mutter, mit dem Vater oder mit anderen Familienmitgliedern. Abgesehen davon, dass Bewertungen immer einschränkend sind, haben sie noch eine andere »Nebenwirkung«: Später treffen wir auf Menschen mit einer ganz anderen Biografie. Sie haben auch andere Glaubenssätze. Dennoch bleiben wir bei dem erlernten Muster. Aufgrund unserer Glaubenssätze interpretieren und bewerten wir permanent, was uns passiert. Und dabei kommt es zu vielen Missverständnissen.

Wir ärgern uns zum Beispiel über jemanden, obwohl er nicht vorhatte, uns zu provozieren. Oder wir sind tief verletzt von einem Satz, der eigentlich ganz harmlos gemeint war. Doch wir ordnen alles in unser Schema ein, passend zum inneren Programm der Bewertung. Wir fühlen uns unverstanden und ausgegrenzt – doch das alles geschieht nur in unserem Kopf. Wir ziehen einen Trennstrich zwischen uns und dem Gegenüber – und auch das geschieht nur in unserem Kopf. Es sind nichts weiter als Gedanken, die dem Vergleich und der Bewertung folgen. Doch wir können das Trennende des Beurteilens und Verurteilens auf eine verblüffende Weise auflösen:

Man sagt uns, Bewertungen seien ein Zeichen von Intelligenz und dass wir sie brauchen. Doch Bewertungen können sowohl ein Prozess der Abgrenzung als auch ein Prozess der Annäherung sein. Der Unterschied besteht nur aus drei Wörtern: »Just like me – so wie ich.« Du kannst sagen: »Sie ist dumm.« Damit grenzt du dich ab. Füge hinzu: »… so wie ich«, und die Abgrenzung löst sich auf. Du kannst sagen: »Er ist nett – so wie ich.« »Sie ist schön – so wie ich.« »Er ist dominant – so wie ich.« Drei Wörter reichen aus, um das Verbundensein zu spüren. Nur drei Worte, und wir leben in einer anderen Welt. Arjuna Ardagh

Es ist einfach entwaffnend, wie sich alles verändert mit diesen drei Wörtern. Ich habe sie innerlich oft ausgesprochen, wenn ich in meine alten Bewertungen zurückfiel. Wenn wir jemanden bewundern, wenn wir jemanden beneiden, ganz gleich, welcher Art die Bewertung ist, das Trennende entfällt sofort, wenn wir uns selbst einbeziehen. Wir können das »Just like me« als nützliches Tool benutzen, immer dann, wenn wir jemanden beurteilen. Dann erkennen wir: Ich brauche niemanden zu bewundern, denn ich habe selbst einen Wert. Ich muss auch niemanden beneiden, denn ich bin selbst alles, was ich mir ersehne. Das befreit und entlastet. Und es schafft eine tiefe Verbindung.

Urteile trennen, wenn wir uns außerhalb stellen. Beziehen wir uns aber ein, ist es kein Aburteilen mehr, dann gehören wir wieder zueinander. Und das betrifft im Grunde alles, was uns begegnet. Ich kann zum Beispiel einen Apfel in die Hand nehmen und denken: »Dieser Apfel ist sehr hässlich.« Wie fühle ich mich mit dieser Bewertung? Jetzt ändere ich mein Urteil und denke: »Dies ist der schönste Apfel, den ich jemals gesehen habe!« Ich betrachte ihn, ich sehe die Schönheit seiner Farben – was für eine völlig andere Erfahrung! Wie viel Schönheit umgibt uns, ohne dass wir es erkennen! Und wie viel Freude könnten wir empfinden, wenn uns nicht unsere Bewertungen im Wege stünden!

Auch das folgende Tool ist ausgesprochen befreiend. Es lehrt uns, dass wir jede Situation ganz unterschiedlich wahrnehmen können. Damit öffnet es unser Bewusstsein, weil wir die Relativität unserer Urteile erkennen. Man kann es sich zur Gewohnheit machen, mit solchen Bewertungen zu spielen – vor allem dann, wenn man negative Gefühle in sich spürt. Auf diese Weise löst man sich nach und nach von den Glaubenssätzen und ist offener, freier.

## SPIELE MIT BEWERTUNGEN

Dieses Tool gibt dir die Möglichkeit, die Macht deiner Bewertungen zu erkennen. Verbringe dazu einen ganzen Tag lang mit der Überzeugung: »Das Leben ist ein Geschenk. Alles, was mir heute begegnet, ist ein Geschenk, egal, was mir begegnet.« Du wirst erstaunt sein, was dann geschieht. Du bist nämlich unverwundbar. Sogar eine unfreundliche Bemerkung kannst du als Geschenk annehmen, weil sie dir vielleicht etwas Interessantes über dein Gegenüber und über dich, deine verborgenen Glaubenssätze erzählt. Oder du verpasst den Bus und denkst dir: »Wie schön, jetzt habe ich fünf Minuten ganz für mich, die kann ich für eine Atemübung nutzen.«

Am nächsten Tag machst du es umgekehrt: Du nimmst dir vor, alles, was dir begegnet, negativ zu bewerten. Wenn jemand freundlich guten Morgen sagt, denkst du: »Eigentlich ist das eine Beleidigung, wieso ist der so freundlich zu mir? Das habe ich gar nicht verdient, der heuchelt das nur.« Schenkt ein Fremder dir eine Blume, denkst du: »Ich muss ja ziemlich depressiv aussehen, dass der das für nötig hält.«

Anschließend vergleichst du die beiden Tage. Und du wirst merken: Es sind deine Bewertungen, die deine Wahrnehmung steuern. Deine Realität ist das, was du glaubst, und nicht das, was dir begegnet.

# Unsere Archetypen

*Das Schöne und die Freude können überall aufblühen – wir müssen es nur wahrnehmen.*

Es sind jetzt schon eine ganze Menge Roots, die ich genannt habe: Gedanken, Glaubenssätze, Vergleiche, Bewertungen. Jetzt möchte ich auf einen weiteren Baustein unserer Glaubenssysteme kommen: auf die inneren Bilder. Das sind Archetypen, die wir irgendwann zu unseren eigenen Vorstellungen gemacht haben, und es sind ziemlich detaillierte Vorstellungen.

Die meisten Frauen haben zum Beispiel ein sehr differenziertes Bild vom idealen Partner. Ich gebe zu, dass ich auch lange solch ein Ideal vor Augen hatte, natürlich ein unerreichbares: Am besten sollte Mr. Superman eine Universitätsprofessur haben, gleichzeitig einen Biobauernhof bewirtschaften, Künstler sein, dazu einen Yogakörper haben und eine Wahnsinnsausstrahlung, außerdem abenteuerlustig und naturverbunden sein sowie Kinder und Tiere lieben. Alles klar?

Es versteht sich von selbst, dass so ein Mann nicht existiert. Ganz schön absurd, dass viele Frauen trotzdem auf ihren Mr. Wonderful warten, oder? Es kann der beste, klügste, liebenswerteste Mann auf der Bildfläche erscheinen, aber was tun sie? Vergleichen ihn mit ihrem persönlichen Archetyp, mäkeln an ihm herum und warten weiter. Währenddessen lassen sie die Gelegenheiten verstreichen, sich in den realen Mann zu verlieben, der viel besser zu ihnen passt als das virtuelle Konstrukt.

Diese Archetypen variieren, je nachdem, was wir einst gesehen und verinnerlicht haben. Ganz viele Frauen haben zum Beispiel eine präzise Vorstellung, wie eine Hochzeit aussehen sollte. Vielleicht haben sie das Bild aus einem Doris-Day-Film, aus einem Familienalbum oder aus einem People-Magazin. Deshalb ist der Archetyp ihrer Hochzeit dann eine Party in New York, ein rauschendes Fest auf dem Lande oder das glamouröse Event am Strand von Malibu. Hochzeitskutsche, Hochzeitstorte, Brautjungfern – jedes Detail ist innerlich festgelegt. Sie kommen gar nicht auf die Idee, dass es vielleicht viel schöner sein könnte, nach dem Standesamt einfach mit dem Liebsten ein Picknick auf einer Waldlichtung zu machen.

Durch festgelegte innere Bilder nehmen wir uns selbst unglaublich viel weg. Jede Erfahrung vergleichen wir mit unseren Archetypen und sind nicht neugierig auf das, was uns tatsächlich begegnet. Es könnte ja gut sein, dass mir ein echter Traummann begegnet, der aber ganz anders ist als in meiner Vorstellung. Wenn ich vorurteilslos bin, erwacht vielleicht ein anderes Dornröschen in mir mit einem neuen Prinzenbild. Dann hätte ich es geschafft, die alten inneren Bilder meiner Überzeugungen zu erweitern, und könnte dadurch auch ganz neue Erfahrungen machen.

> Wir tragen viele Vorstellungen und Konzepte mit uns herum, die uns in bestimmte Richtungen drängen. Deshalb sage ich: Vergiss die Konzepte und vertraue nur auf das, was du fühlst! Fühlt es sich gut an, dann ist es gut für dich. Horche in dich hinein, ob du eine Resonanz spürst, und dann folge ihr. Aber folge nie Konzepten.
> Gloria Ramirez

Eines der wirkmächtigsten inneren Bilder sind Schönheitsideale. Das gilt für Frauen wie für Männer. Einer findet den Typ Tiger-Lady mit pinkfarbenen Fingernägeln schön, jemand anders hält Hollywoodstars wie Angelina Jolie oder George Clooney für das Maß aller Dinge. Wäre man im Kongo aufgewachsen oder bei den Pygmäen, sähe das innere Bild vollkommen anders aus, und Angelina Jolie könnte sich brausen gehen, um es mal salopp zu sagen.

Selbstverständlich sind solche Bilder mit Ansprüchen an sich selbst verknüpft. Man denkt: Wenn ich dem Ideal so nah wie möglich komme, wird
sich mein Leben wie von Zauberhand zum Besseren wenden. Wenn wir diesen Glaubenssatz haben, sind wir ständig mit Comparing beschäftigt. Wir
vergleichen nicht nur unser Äußeres oder unseren Partner mit den Archetypen, sondern das ganze Leben: den Beruf, die Familie, die Wohnung. Der
Beruf soll außergewöhnlich sein, ohne Mann und mindestens zwei Kinder
hat man keine richtige Familie, eine Wohnung ohne Kamin und Whirlpool
ist nicht gut genug. Was für ein Druck!

> Durch Vergleichen mit den inneren Bildern
> kann man nicht wertschätzen, was einem
> gerade Wunderbares gegeben wird.
> Wir leben buchstäblich am Glück vorbei,
> das darin verborgen ist.

Was die Schönheitsideale betrifft, so war ich während meiner Arbeit als Wer-
befilmerin ständig damit konfrontiert. Ja, ich muss gestehen, dass ich lange
diesem ganzen Schönheitswahn gedient habe. Nachdem ich mich mit Ma-
gersüchtigen aus dem Freundeskreis auseinandergesetzt hatte, war ich scho-
ckiert: Hohlwangige, völlig abgemagerte Models wurden aus New York ein-
geflogen, und erst nach zwei Stunden unter den Händen des Maskenbildners
sahen sie aus wie Märchenfeen. Doch Mädchen, die dann die Bilder im Fern-
sehen anschauen, orientieren sich daran. Und sind todunglücklich, wenn sie
nicht auch Größe 34 tragen können.
Es ist evident, dass die Bilder des Konsums heute einen Großteil unserer Archetypen prägen. Die Menschen in Werbespots wirken glücklich und erfolgreich, deshalb sind sie stilbildend. Ganz gleichgültig, welches Produkt sie
bewerben, ihre Message lautet: So musst du ausschauen, so sieht ein schönes
Haus aus, so sieht ein gedeckter Tisch aus, eine gut angezogene Frau, ein at-
traktiver Mann, ein liebenswertes Kind. Doch sie vermitteln noch mehr:
eine emotionale Oberfläche, der wir unbewusst nacheifern.

Viele Menschen haben Vorstellungen darüber, wer sie sein sollten, und sogar darüber, welche Gefühle sie haben sollten. Sie denken, sie müssten freundlich, mitfühlend, gut, geduldig und fleißig sein. Doch dann kommen Tage, an denen sie sich grantig, faul, ängstlich, verletzt, verlassen oder eifersüchtig fühlen, und sie denken: Das ist nicht okay, weil es nicht zu meinem inneren Bild passt. Also unterdrücken sie diese Gefühle und setzen eine Maske auf. Die anderen bemerken es gar nicht, weil sie selbst eine Maske tragen. So endet alles in einem großen Karneval, auf dem jeder etwas vorgibt, das er gar nicht ist. Wenn wir zu uns selbst zurückkehren wollen, müssen wir die Masken absetzen. Kiara Windrider

Ich finde Kiaras Metapher ebenso amüsant wie traurig: die Welt, ein großer Maskenball, bei dem jeder dem anderen etwas vorspielt. Das erinnert mich an eine Phase meines Lebens, als ich noch oft auf Partys ging. Es machte mir Spaß, aber damals schon wollte ich mit den Gästen wirklich ins Gespräch kommen. Das wurde als störend empfunden. Schließlich wollte jeder seine Maske aufbehalten – und ein intensives Gespräch hätte vielleicht die eine oder andere Maske abgerissen.

> Der Punkt ist, dass wir selbst und die Welt um uns
> sehr eindimensional werden, sobald wir alles durch
> die Filter unserer Archetypen bewerten.

Denn gerade das, was keinem gängigen Bild entspricht, kann wunderschön sein. Da ist vielleicht ein Riss in der Mauer eines alten Hauses. Den Hausbesitzer stört der Riss nur, er überlegt, dass er nun renovieren muss, damit das Haus seinen Wert behält. Doch als Betrachter kann ich auch sagen: Sieh doch, der Riss hat den Charme der Patina, und es ist hübsch, wie sich da eine Pflanze hineingewurzelt hat und ihre Blätter der Sonne entgegenstreckt. Beeinflusst durch die inneren Bilder, vergessen wir auch, dass wir keine glamourösen Schauplätze brauchen, um glücklich zu sein. Man muss nicht der eigene Filmausstatter sein, indem man seiner Existenz die richtigen Kulissen gibt. Für ein Abendessen mit dem Mann meines Herzens brauche ich kein In-Lokal. Absolut ekstatische Glücksmomente kann ich genauso gut in einer

Kantine oder einer Imbissbude erleben. Ich brauche auch keinen Sonnenuntergang am Strand, damit ich mich gut fühle. Ein Spaziergang im Wald kann mich genauso glücklich machen, vorausgesetzt, ich vergleiche ihn nicht ständig mit einem Strandspaziergang auf Hawaii.

Sobald ich alle Bewertungen weglasse, tut sich eine Welt voller Schönheit und Wunder auf. Eine Narbe im Gesicht kann schön sein, ein abgewetzter Lederschuh, ein grauer, verregneter Tag. Eine welke Blume kann schön sein, ein mit Farbe besprenkeltes T-Shirt, ein völlig verkramter, unaufgeräumter Schreibtisch. Das alles sind Angebote, die uns die Welt macht. Wir sollten sie nicht mit irgendwelchen Idealbildern abgleichen, sondern freudig annehmen als das, was sie sind: Ausdruck von Leben.

Mit dieser Haltung kann ich dann auch darüber hinwegsehen, dass der Mann, zu dem ich mich hingezogen fühle, weder meinem inneren Bild entspricht noch dem meiner Mutter oder meiner Freundinnen. Was macht das schon? Um wen geht es? Darum, dass er so groß und muskulös ist, dass meine Freundinnen begeistert sind? So belesen und kultiviert, dass er meinen Eltern gefällt? Nein, wie Gloria weiter oben schon sagte: Es kommt nur darauf an, dass wir eine Resonanz spüren. Dass wir uns nicht mit Archetypen identifizieren, sondern uns als authentisch erleben. Von Rich Si Windelov lernte ich, warum wir damit so große Schwierigkeiten haben:

Der Verstand liebt es, sich mit Vorstellungen und Funktionen zu identifizieren, die Rollen festlegen: Ich bin eine Frau, eine Tochter, eine Mutter, ein Vater, ein Akademiker, ein Straßenbahnschaffner. Damit scheint alles festgelegt: was man zu tun und zu lassen hat, wie man sich gibt. Wir limitieren uns und andere. Wenn wir uns daran erinnern, dass wir frei sind, haben wir wieder die Wahl. Rich Si Windelov

Ich konnte sofort nachvollziehen, was Rich meinte. Denn unsere inneren Bilder legen tatsächlich Handlungsmuster fest. Ich kann die Ermahnungen noch förmlich hören, und sie klingen heute noch grell in meinen Ohren: »Ein gut erzogenes Kind spielt nicht mit dem Essen.« »Eine Mutter tobt nicht mit ihrem Kind im Matsch herum.« »Eine anständige Frau zieht keinen kurzen Rock an.«

Solche Sätze kenne ich zur Genüge, und ich habe sie alle über Bord geworfen. Ja, es ist ein Riesenspaß, mit Essen zu spielen. Ich liebe es, mich mit meinem Sohn Moritz in den Matsch zu werfen. Ich finde es großartig, wenn ein Mann morgens durch die Wohnung tanzt. Und seit Kurzem fühle ich mich in kurzen Röcken wohl, obwohl meine Mutter immer sagte, Frauen in kurzen Röcken sähen billig aus. So löste ich die erlernten Archetypen auf.

Jeder kann es tun. Wenn jemand zum Beispiel den festen Glauben hat, dass er extrem seriös sein muss, sollte er sich einen Tag lang mal einen lustigen Spruch auf die Stirn kleben oder während einer Vorlesung eine Clownsnase aufsetzen. Dann sprengt er seine Grenzen, und die inneren Bilder verblassen.

> Innere Bilder sind die Wände unseres Gefängnisses. Brechen wir einfach aus! Tun wir einfach, worauf wir Lust haben und was uns Spaß macht! Das befreit und öffnet das Bewusstsein.

Seit ich nicht mehr durch einen Schilderwald innerer Verbote und Limits laufe, habe ich auch ein ganz anderes Gespür für die Menschen, denen ich begegne. Früher war meine Wahrnehmung geprägt durch Kategorisierung und Limitierung – so wie ich mich durch meine Archetypen selbst kategorisierte und limitierte. Ich ordnete die Menschen ein, indem ich ihnen ein Label verpasste, verbunden mit einem Gedankenkonstrukt: Dies ist ein Arzt, dies ist eine Supermarktkassiererin, dies ist ein Künstler. Ich verpackte alle Leute in kleine Schachteln, mit vorgegebenen Assoziationsketten.

Wohin das führt? Vor ein paar Jahren ertappte ich mich dabei, dass ich einen Ober auf diese Weise behandelte. Er legte mir eine Speisekarte hin, doch ich würdigte ihn keines Blickes. Ich sagte nur »Danke« und dachte: »Na, das ist eben der Ober.« Ich sah nicht den Menschen, der sich vielleicht das Geld verdiente, damit er sein Studium finanzieren konnte, oder weil er als Alleinerzieher sein Kind ernähren musste. Ich sah nur einen Ober, Punkt.

Aber plötzlich wurde mir bewusst, wie oberflächlich das ist. Menschen sind mehr als Labels, Kategorien und Funktionen. Jeder ist einzigartig und wundervoll, egal, welchen Beruf er hat oder welche Stellung er in unserem Leben einnimmt. Ich nehme mir unglaublich viele Erlebnisse weg, wenn ich nicht neugierig bin und nicht respektvoll mit jedem einzelnen Menschen umgehe. Das alles wurde mir klar, als der Ober schon längst wieder verschwunden war. Ich war in die Falle meines inneren Bildes gegangen.

Ich kann mir vornehmen: Ab jetzt identifiziere ich mich nicht mehr mit Gedanken, Überzeugungen, Bewertungen und Archetypen, und ich reduziere auch nicht mehr andere darauf. Ich werde mir von nun an immer bewusst machen, wer ich wirklich bin und wer du wirklich bist. Dann läuft alles auf eines hinaus: auf Liebe. Gloria C. Ramirez

Lohnt es sich nicht allein dafür schon, alle Identifizierungen und Archetypen hinter sich zu lassen – für eine Existenz als liebendes Wesen? Wir können die altgewohnten Kategorisierungen am besten aufbrechen, wenn wir bei uns selbst anfangen. Und dafür gibt es ein wunderbares Tool.

*Tool 5*

### LÖSE DIE INNEREN BILDER AUF

Um das Bewusstsein für hemmende Archetypen zu sensibilisieren, kannst du die folgende Übung ausprobieren. Ziehe einfach etwas an, das du noch nie getragen hast und das scheinbar nicht in deinen Alltag passt: ein Ballkleid, einen Strohhut, eine Blume im Knopfloch. Oder borge dir von einem guten Freund eine Smokingjacke aus. Plötzlich ist alles anders. Du fühlst dich anders, und die Menschen behandeln dich anders. Dann fängst du an, über dich und dein Potenzial nachzudenken. Auf spielerische Weise wird dir bewusst, dass du dir mit deinen Archetypen selbst Grenzen gesetzt hast. Und du begreifst: Alles könnte ganz anders sein! Ich muss mich nicht anpassen! Ich habe die Möglichkeit, mich in 1000 neuen Facetten zu erfahren!

Kapitel 2

Unsere Gefühle als Reiseführer

# Ich habe große Angst

*Ängste wecken uns aus dem Schlaf der Unbewusstheit.*

Lange Zeit fragte ich mich, warum ich derart frustrierende Beziehungen zu Männern hatte. Sie endeten immer gleich – ich fühlte mich total allein gelassen. Als ich tiefer in dieses Gefühl hineinspürte, erinnerte ich mich an eine Situation aus meiner Kindheit, als ich einen schrecklichen Streit mit meiner Mutter hatte. Dabei war es ein nichtiger Anlass: Etwas fehlte in der Speisekammer. Daraufhin verdächtigte meine Mutter mich, dass ich etwas stibitzt hätte. Das war aber nicht der Fall, und so stritt ich erbittert mit ihr.

Die Strafe war furchtbar. Meine Mutter war so außer sich, dass sie das Haus verließ. Bevor sie die Tür zuschlug, rief sie: »Ich gehe jetzt weg und komme nie wieder! Das ist allein deine Schuld!«

Ich war gerade mal sechs Jahre alt und völlig verzweifelt. Weinend lief ich zum Fenster und sah, wie meine Mutter ins Auto stieg und tatsächlich wegfuhr. Zitternd und verängstigt saß ich im Flur – ich ging fest davon aus, dass ich meine Mutter für immer verloren hatte. Dies war der Moment, in dem sich die Überzeugung in mir formte: »Ich bin ganz allein, ich muss alles selbst ertragen.«

Die ersten sechs Jahren der Kindheit sind ein Stadium, in dem die
Programme installiert werden. Es ist ein hypnotisierendes Stadium:
Alles, was das Kind beobachtet, wird wie ein Programm heruntergeladen.
Ein Vater sagt zu seinem fünfjährigen Kind: »Du bist es nicht wert!«
Doch selbst wenn das Kind ein Mann von 50 Jahren ist, gibt es keine
Vergangenheit und keine Zukunft. Das Unterbewusstsein kennt nur die
Gegenwart, und was immer ich einst mit fünf Jahren gehört habe, es
bestimmt ein Leben lang das Jetzt. Bruce Lipton

Und so wurde auch in mir ein Gefühlsmuster installiert, ein destruktives
Programm, das sich wie ein Virus in meiner Seele einnistete: »Du wirst von
allen verlassen. Du wirst immer allein sein.« Es wurde mein Grundgefühl.
Und es dauerte fast vier Jahrzehnte, bis ich zum Auslöser dieses Gefühls zurückgehen konnte.
Für mich ergab sich eine Logik: Ich wurde als Kind verlassen, später dann als
erwachsene Frau. Und das jagte mir immer noch die gleiche Angst ein. Wir
alle haben solche Schlüsselsituationen erlebt, jeder auf seine ganz individuelle Weise. Andere Kinder durften ihre Wut nicht zeigen und unterdrückten
sie. Als Erwachsene neigen sie zu furchtbaren Wutausbrüchen. Wieder anderen werden lähmende Schuldgefühle eingepflanzt, und was auch immer
sie tun oder fühlen, über alles legt sich dieser vernichtende Urteilsspruch:
»Du bist schuld!«

Gefühle wie Angst, Einsamkeit und Schuldbewusstsein
werden durch traumatische Erfahrungen in uns
abgespeichert. Wir müssen weit, weit zurückgehen,
um an die Quelle dieser Gefühle zu gelangen, weil
diese meist in der frühen Kindheit verborgen ist.

Was für die Glaubenssätze gilt, hat auch Gültigkeit für unsere Gefühle:
Die gesamte Wirklichkeit und die Welt, in der wir leben, sind eine direkte
Spiegelung unserer eigenen Überzeugungen und Programme. Unsere Gefühle sind erlernt. Sie werden aus dem Unterbewusstsein abgerufen, sobald
wir vergleichbare Situationen erleben. Wie ein abgerichteter Hund reagieren
wir dann auf das auslösende Signal, auch wenn dessen Ursprung schon Jahrzehnte zurückliegt. Dennoch ist es allgegenwärtig. Gelernt ist gelernt.

Darin liegt aber auch eine Chance. Denn im Gegensatz zu den weit zurückliegenden Schlüsselerlebnissen sind uns die dazugehörigen Gefühle zugänglich. Wir erleben sie, wir durchleiden sie, sie durchfluten uns in der
Gegenwart.

In dem Moment, in dem ich mich an meine Vergangenheit
erinnere, ist die Vergangenheit keine Vergangenheit mehr, sondern
ich erinnere sie im Jetzt. Damit kann ich sie aber auch hier und
jetzt verändern und transformieren. Canamay-Te

Angst hat viele Gesichter, und nicht jede Angst ist schädlich für uns. Die
biologische Angst zum Beispiel ist ein sehr hilfreicher Mechanismus, um unser Überleben zu sichern. Sie sorgt dafür, dass wir vor einem wilden Tier
weglaufen oder beiseitespringen, wenn eine Lawine auf uns zurollt. Diese
Angst entspringt unseren Urinstinkten. Unser Körper reagiert reflexhaft auf
die reale Gefahr: Alle nicht akut benötigten Körperfunktionen werden ge-
drosselt, ein Adrenalinstoß durchfließt unsere Adern, und wir sind bereit für
Flucht oder Angriff.
Daneben gibt es aber auch noch ganz andere Ängste: Angst vor Arbeitsplatz-
verlust, vor Umweltzerstörung, vor Krankheiten, ja, vor dem Weltuntergang.
Nichts scheint mehr sicher in dieser Zeit, und Ängste gehören wie selbstverständlich dazu. Hier fällt es schon schwerer, zu unterscheiden, ob die Angst
eine Reaktion auf reale Bedrohungen ist oder nur in unserem Kopf existiert – als Folge negativer Glaubenssätze.

Alle Ängste, die mit unseren Überzeugungen
zusammenhängen, sind psychologische Ängste.
Sie entstehen nicht durch reale Gefahren, sondern
durch eine negative Erwartung.

Die psychologische Angst ist ein Konstrukt, das mit unserer persönlichen
Geschichte zu tun hat. Sie wurde uns anerzogen und als Programm im Unterbewusstsein gespeichert. Dazu gehört zum Beispiel die Angst vor etwas,
das ich nicht kenne – sie ist ein Zeichen dafür, dass ich nicht vertrauen kann,

dass ich mir immer die schlimmsten Szenarien vorstelle, sobald ich die gewohnten Pfade verlasse.

Solche alten Programme sind äußerst mächtig. Wir haben schon gesehen,
dass sie eine große Rolle für die Glaubenssätze spielen, weil Ängste uns davon abhalten, unsere Überzeugungen zu überwinden. Wir denken, wir verlieren etwas, wenn wir unsere Glaubenssätze infrage stellen. Wir haben
Angst, zu versagen, den Halt zu verlieren, nicht mehr anerkannt zu werden.
Lieber machen wir so weiter wie zuvor und bleiben unglücklich, als an den
Ängsten zu arbeiten.

Einige Dimensionen der Angst sind natürlich. Wenn du spätnachts in
New York eine dunkle Straße entlanggehst und Schritte hinter dir hörst,
ist Angst eine intelligente Reaktion, denn sie schärft deine Sinne. Doch es
gibt auch eine Form von Angst, die zu viel Nachdenken und zu wenig
Handlungsbereitschaft hervorruft. Dann stellst du dir Dinge vor, die nie
passiert sind und nie passieren werden. Dann laufen wir vor Dingen weg,
die nur in unserem Geist stattfinden. Das Beste ist: Dreh dich sofort um
und schau der Angst ins Gesicht! Dann wird sie fassbar, und du kannst
sie auflösen. Arjuna Ardagh

Es wäre absurd, wenn wir die biologische Angst unterdrücken würden – wir
wären den konkreten Bedrohungen hilflos ausgeliefert. Deshalb müssen wir
unterscheiden lernen, um welche Angst es sich handelt. Hat sie einen fassba-
ren Grund? Kann ich sie mit gezieltem Handeln auflösen? Existiert die Gefahr ganz real oder nur in meinem Kopf? Aktiviert die Angst Energien in
mir oder setze ich meine gesamte Energie dafür ein, pausenlos über die Angst
nachzudenken? Bis sie mich schließlich lähmt?

Aber genau diese Unterscheidung fällt uns schwer. Auf einer niederen Be-
wusstseinsstufe schauen wir der Angst täglich ins Gesicht: jedes Mal dann,
wenn wir eine Zeitung aufschlagen oder den Fernseher anstellen. Die Welt
ist schlecht, wird uns suggeriert, und das Leben ist ein einziges Risiko. Jeden
Morgen lesen wir in der Zeitung und im Internet beängstigende Nachrichten, jeden Tag werden wir mit bedrohlichen Medienbildern überschwemmt.
Es ist eine Binsenweisheit: »Bad news are good news.« Oder auf den Punkt
gebracht: Eine Nachricht schafft es nur dann in die Öffentlichkeit, wenn sie
möglichst viele Ängste weckt. Unfälle, Naturkatastrophen, Verbrechen,

Wirtschaftskollaps, Massenentlassungen – das sind die News, die in den Mainstream-Medien mit Lust verbreitet werden. Wann liest oder hört man schon mal eine positive Nachricht? Wer berichtet denn schon ausführlich über ein gelungenes Hilfsprojekt oder eine erfolgreiche Kooperative zur Erzeugung ökologischer Nahrungsmittel? Die perfide Nebenwirkung bei der Nonstop-Berieselung mit schlechten Nachrichten ist das Gefühl, hilflos zu sein. Arjunas Rat, sich umzudrehen und der Angst ins Gesicht zu sehen, erscheint in diesem Fall wirkungslos. Wir werden passiv, ohne Hoffnung, ohne den Impuls, dass wir etwas ändern könnten. Warum aber lassen sich so viele von diesem Gefühl anstecken? Warum sind wir offenbar bereit, vor allem Angst zu haben? Und warum vertrauen wir nicht darauf, dass wir aufgehoben und unverwundbar sind?

Unser Planet steht jetzt unter dem Einfluss verstärkter kosmischer Energien. Sie zwingen uns, die Masken abzunehmen. Das geschieht auf der kollektiven, aber auch auf der persönlichen Ebene. Aus diesem Grund kommen jetzt so starke Gefühle zum Vorschein. Es sind alte Masken, alte Ängste, alte Perspektiven, alte Traumata, die lange unter den Teppich gekehrt wurden. Wir haben sie verdrängt, aber im Licht des erwachenden Bewusstseins geraten sie an die Oberfläche. Es ist wichtig, dass wir uns nicht dagegenstemmen. Wir können all diese Aspekte von uns umarmen. Kiara Windrider

Diese Deutung hat mich im Innersten getroffen. Ich kannte ja die Angst, dass es nicht mehr weitergeht, als ich in meiner Lebenskrise steckte. Ich hatte aber auch gelernt, diese Angst als bloßes Gedankenkonstrukt zu enttarnen. Mein Bewusstsein machte den Unterschied. Als ich begann, meine verhängnisvolle Abhängigkeit von den Gedanken zu erkennen, wurde mir auch klar, dass meine Ängste nichts weiter als negative Gedanken waren. Sie waren nicht real. Sie waren ein Produkt meiner pessimistischen Glaubenssätze.

Zurzeit kündigt sich ein großer Bewusstseinswandel an. Und nicht nur Kiara ist davon überzeugt, dass uns das Universum dabei unterstützt. Viele Wissenschaftler weisen darauf hin, dass die kosmische Strahlung sich erhöht hat und unser Bewusstsein verändert – darauf komme ich später noch einmal zu sprechen. Unter dem Einfluss dieser Strahlung ändern sich auch die Frequenzen unseres Gehirns. Dadurch erhalten wir eine großartige Chance: Wir können unsere Ängste transformieren.

Sobald das Bewusstsein erwacht, sind wir nicht mehr bereit, uns unter den Ängsten wegzuducken. Wir nehmen sie vielmehr als Aufforderung an, unser Leben zu verändern. Sobald wir bewusst fragen, wer wir sind, was uns bedrückt und was uns glücklich macht, erleben wir ein geradezu ekstatisches Gefühl der Befreiung. Wir wollen aufrecht gehen, ohne ständig von unseren Gedanken eingeengt zu werden. Und wir können die Angst ganz neu buchstabieren. Demian Lichtenstein brachte mich darauf. Er sagte:

In der englischen Sprache gibt es ein Akronym für Angst: F-E-A-R = »false evidence appearing real«. (Übersetzt: ein falscher Beweis, der echt wirkt) Demian Lichtenstein

Ist das nicht wunderbar? Lassen Sie es sich auf der Zunge zergehen: »Ein falscher Beweis, der echt wirkt.« Angst ist demnach eine negative Interpretation, die nur scheinbar an realen Ereignissen festgemacht wird. Wir sehen etwas, wir erleben etwas und wir sagen: »Oh, sieh doch, jetzt habe ich den Beweis dafür, dass ich Angst haben muss.« Was auch immer uns begegnet, wenn wir bereit sind, Angst zu haben, ist alles eine Bedrohung für uns. Wir reagieren wie ein Kind, das sich im Keller fürchtet und einen Schatten an der Wand für ein Monster hält. Aber es gibt auch noch ein anderes Akronym:

F-E-A-R sollte für uns bedeuten: »feeling excited and ready«. (Übersetzt: das Gefühl, aufgeregt und bereit zu sein) Dann kann ich den Schritt in ein neues Leben setzen, in ein Leben voller Wunder und Freude, aufgeregt und begeistert wie ein Kind. Neale Donald Walsch

Der Unterschied markiert einen Bewusstseinssprung. Die vorbewusste Reaktion auf Angst ist das Gefühl, überwältigt und wie gelähmt zu sein. Im Licht des Bewusstseins aber ist Angst ein Appell: »Hallo, wach auf! Es ist gut, dass du so aufgeregt bist, so nervös und aufgewühlt. Es ist hilfreich, dass alle deine Alarmglocken läuten, denn jetzt spürst du, dass du bereit bist, etwas zu verändern!«

Wir sollten also froh sein, wenn Ängste auftauchen. Sie sind der Wecker, der uns aus dem Schlaf der Unbewusstheit reißt. Und ich habe den Eindruck, dass der Wecker momentan besonders laut klingelt. »Wach auf!« ist seine Botschaft. »Sieh dir genau an, welche negativen Vorstellungen du mit dir herumschleppst. Entdecke, wer du wirklich bist. Denn du bist nicht dieses zitternde Wesen, das sich vor dem Leben fürchtet. Im Kern bist du stark und du brauchtest nur diesen Adrenalinstoß, um aktiv zu werden!«

Ängste können heilsam sein: Sie zeigen uns unser
Spiegelbild, verzerrt von Furcht und Hilflosigkeit.
Das ist der Weckruf: Sei bereit für die Veränderung!

Wie so viele Dinge, die sich ändern, wenn das Bewusstsein aus seinem Schlaf erwacht, verändert sich auch die Einstellung zur Angst. Vorher tut man alles, um die Angst zu vermeiden und vor ihr wegzulaufen. Genau damit aber kerkert man sich ein. Sobald man der Angst ins Gesicht sieht, sieht man auch sich selbst. Und man bekommt eine Ahnung, wer man sein könnte ohne all diese lähmenden Ängste.

Angst ist daher eine der am stärksten transformierenden Energien, aber nur dann, wenn wir mutig genug sind, ihr auf Augenhöhe zu begegnen. Dann fällt etwas von uns ab, was man die Angst vor der Angst nennt. So, wie Menschen, die uns verletzen, heilsame Krisen auslösen können, ist auch die Angst unser Sparringspartner. Wir sollten sie nicht fürchten, sondern ganz bewusst mit ihr Kontakt aufnehmen: »Hallo, Angst, was willst du mir erzählen? Danke, dass du da bist. Komm ruhig etwas näher, damit du mir hilfst, mein Bewusstsein wachzurütteln.«

Wenn du dich selbst erkennst und bereit bist, die Erfahrung der Angst zuzulassen, hat das einen positiven Nebeneffekt: Du wirst immer weniger ängstlich, weil du die Angst vor der Angst verlierst. Normalerweise sind wir durch die Angst so paralysiert, dass wir die Augen verschließen. Wenn du aber genau hinsiehst, entspannst du dich und stellst fest: Oh, da ist ja gar nichts! Padma Wolff

Als ich im Rahmen meiner großen Reise auf Bali war, erlebte ich einen der schlimmsten Angstmomente meines Lebens: Plötzlich war mein Sohn verschwunden. Wir standen mitten im Dschungel, in der Nähe eines Wasserfalls. Eben hatte ich Moritz noch gesehen, nun war er wie vom Erdboden verschluckt. Der Alptraum jeder Mutter, das größte Unglück überhaupt.

Von Angst und Panik gebeutelt, fing ich an, ihn zu suchen. Ich begegnete dabei mehreren Menschen, aber keiner hatte ein Kind gesehen. Vor meinem inneren Auge lief ein Drama ab, ein wahrer Horrorfilm. Finster dreinblickende Männer mit Macheten tauchten aus dem Dschungel auf, wilde Tiere – alles, was eine ängstliche Mutter sich nur vorstellen kann.

*Die Angst wurde zum Regisseur meines inneren Films – und dieser machte mich immer ängstlicher und panischer.*

Für solche Momente gibt es ein Tool, den »Freeze Frame«. Es wurde von Doc Childre und Howard Martin im Rahmen der »Heartmath Solution« entwickelt. Der »Freeze Frame« ist ein wunderbares Instrument, um die Intelligenz des Herzens zu nutzen. In fünf Schritten können wir dabei eine Angst- oder Stresssituation ausbalancieren. Die beiden Autoren haben sogar nachgewiesen, dass dieses Tool harmonisierend auf das zentrale Nervensystem wirkt, den Pulsschlag beruhigt und die Herzaktivität auf ein normales Level bringt.

Ich selbst wende es sehr oft an, wenn mich etwas beunruhigt. Das Prinzip beruht darauf, dass ich meiner Intuition vertraue, nicht meiner Angst. Meist lautet die Antwort, dass alles gut ist. Auch damals auf Bali war es so – schon bald konnte ich Moritz wieder in die Arme schließen.

Der »Freeze Frame« schützt uns davor, dass wir ungewollt ein negatives Szenario Wirklichkeit werden lassen. Anfangs sollte man das Tool in Ruhe und mit geschlossenen Augen anwenden. Wenn man es gut beherrscht, funktioniert es im Alltag, selbst in Augenblicken größter Belastung.

Tool
6

## FREEZE FRAME

Die fünf Schritte dieses Tools beruhen wesentlich darauf, dass du sozusagen die Stopptaste drückst – als ob du einen Film anhältst. Daher der Name »Freeze Frame«, was so viel wie eingefrorenes Bild oder Standbild heißt. Auf diese Weise wirst du zum Regisseur des inneren Films und bleibst nicht länger ein hilfloser Zuschauer.

**Schritt 1:** Mach dir das belastende Gefühl bewusst und halte es an – nimm eine Auszeit.

**Schritt 2:** Lenke den Fokus deiner Aufmerksamkeit weg von den rasenden Gedanken oder belastenden Gefühlen und richte ihn auf deine Herzgegend. Stelle dir vor, dass du mit dem Herzen atmest, um deine gesamte Energie dorthin strömen zu lassen. Lass den Fokus mindestens zehn Sekunden lang dort.

**Schritt 3:** Rufe dir eine positive, freudige Situation aus deinem Leben in Erinnerung und versuche, dieses Gefühl erneut zu durchleben.

**Schritt 4:** Nutze nun deine Intuition, deinen gesunden Menschenverstand und deine Wahrhaftigkeit und befrage dein Herz: Wie müsste eine Reaktion auf die entstandene Situation aussehen, um Stress zu vermeiden?

**Schritt 5:** Lausche der Antwort deines Herzens. Damit umgehst du panische Reaktionsmuster und lässt stattdessen die Stimme deiner Intuition und deiner inneren Weisheit sprechen.

# Ich bin
# so wütend

*Alles fügt sich,
wenn wir mit
unserem Innersten
in Einklang sind.*

Es war ein typischer Tag in meinem alten Leben: Moritz und ich waren zu spät aufgestanden, hatten hektisch gefrühstückt und waren zur Schule gehetzt. Ich war unendlich gestresst. Im Studio wartete ein Filmteam auf mich – es versprach, ein anstrengender Tag zu werden. Wir hatten es gerade noch rechtzeitig zur Schule geschafft, als Moritz streikte. Er schrie und weinte: »Ich will aber heute nicht in die Schule!«

Das machte mich rasend. Die Wut in mir kochte über wie Milch, die man auf der heißen Herdplatte vergessen hat. Ich schimpfte. Ich schäumte. Dann klingelte auch noch mein Handy. Moritz stampfte mit dem Fuß auf. Ich schrie ihn an. Ich wurde immer ungeduldiger und immer wütender. Dennoch spürte ich im Inneren, wie schrecklich ich mich verhielt. Ich rastete aus, anstatt Moritz zu beruhigen und ihm zu erklären, dass er halt zur Schule gehen muss und ich zu arbeiten habe – oder, vielleicht noch besser, ihm einen Moment zu schenken, um die wahre Ursache seines Widerstands zu erforschen und mit ihm aufzulösen. Ich fühlte mich schlecht, einfach grauenvoll. Dennoch verrannte ich mich immer weiter in meine Wut.

> Die Wut festzuhalten ist, wie ein glühendes Stück Kohle anzufassen, mit der Intention, sie auf jemanden anderen zu schleudern: Du bist der derjenige, der sich verbrennt. Buddha

Als ich viel später diesen wunderbaren Satz las, musste ich sofort wieder an die Szene vor der Schule denken. Scheinbar hatte ich mir Luft gemacht. Doch in Wirklichkeit hatte ich Moritz verletzt – und mich selbst. Ich sah rot, wie man so schön sagt. Dabei hätte ich mich nur aus einer anderen Perspektive betrachten müssen, um zu dem Schluss zu kommen: Ich habe ein Problem. Und zwar ein ziemlich großes. Irgendetwas ist nicht in Ordnung mit meinem Leben.

Wut ist ein starkes Gefühl, ein sehr zerstörerisches dazu. Wenn wir wütend sind, lassen wir uns zu Dingen hinreißen, die wir später bedauern. Wir schlagen wie besinnungslos um uns, verbal, manchmal auch körperlich. Selbst wenn wir uns danach entschuldigen, bleibt eine Narbe auf der Seele zurück. Und Scham, tiefe Scham. Denn im Grunde unseres Herzens wissen wir, dass ein Wutanfall zu nichts führt. Er klärt nichts und verbessert nichts. Deshalb kann es jederzeit wieder passieren, dass wir die Wut rauslassen.

Schon damals hätte ich mich fragen müssen: Warum hast du eigentlich so viel Wut in dir? Was weckt in dir die Bereitschaft, aus einem kleinen Anlass heraus so viel negative Energie zu verbreiten? Oder ist diese negative Energie am Ende schon in dir gespeichert?

Heute weiß ich mehr darüber. Die Wut gehörte wie die Angst zu meinem Grundgefühl. Sie wurzelte in einer tiefen Frustration und war ein Zeichen dafür, dass ich nicht ich selbst war. Ich lebte nicht mein Leben, sondern eines, das meine Bedürfnisse missachtete. Oder um es ganz klar zu sagen: Ich war in der unbewussten Schicht meines Selbst wütend darüber, dass ich meine eigenen Bedürfnisse unterdrückte.

Deshalb war ich so ungeduldig, so unfreundlich, so gestresst. Mein Leben war ein einziger Hindernisparcours, und ich hatte immer das Gefühl: Die nächste Hürde schaffst du nicht mehr. Gleich wirst du fallen. Deshalb reichte schon Moritz' fehlende Lust, zur Schule zu gehen, um mein ganzes System aus Druck und Überforderung zur Explosion zu bringen. Daneben beschlich mich die Ahnung: Spiegelte Moritz mit seiner Verweigerung letztlich nicht auch meine eigenen Unlustgefühle?

Emotionen sind dafür da, dass wir wahrnehmen, inwieweit wir mit uns selbst im Reinen sind, inwieweit wir unsere Bedürfnisse leben. Wenn wir starke negative Emotionen haben, dann sind wir ganz weit von uns selbst entfernt. Und dann wollen diese Emotionen uns zeigen: Achtung, schau mal hin! Denn unserem Ich-Bewusstsein ist ja daran gelegen, sich wohlzufühlen. Das heißt: Alles, was sich irgendwie unangenehm anfühlt, muss verändert werden. Esther Kochte

So wie die Angst ist auch die Wut ein Signal. Sie funktioniert wie eine Ampel, die auf Rot springt: »Halt, stopp! Warum fühlst du dich nicht wohl? Was ist der wahre Grund deiner Wut? Warum ist der Druck so stark geworden, dass er sich als Wut entlädt?« Auch dies musste mit meinen Überzeugungen zu tun haben, das spürte ich.

Es war Zeit, mir einige Fragen zu stellen. Was wollte ich über mich glauben? Und was konnte ich nicht über mich glauben? Die Antworten kamen bald. Ich wollte daran glauben, dass ich perfekt war, ohne Schwächen, ohne Fehler. Mein Selbstbild war ein hoher Anspruch: die immer gut gelaunte, verständnisvolle Mutter; die verlässliche, hochprofessionelle Regisseurin; die stets einsatzbereite, einfühlsame Freundin; die Tochter, die alle Erwartungen erfüllte. Was ich mir da vorgenommen hatte, war unerreichbar – jedenfalls in dem Leben, wie ich es mir eingerichtet hatte. Die Bedingungen stimmten nicht.

*Beginnen musste ich mit einer sehr simplen Frage: Was mag ich eigentlich nicht an meinem Leben?*

Ich war überrascht, wie viel mir ohne Zögern dazu einfiel. Ich mochte den Spagat zwischen Arbeit und Privatleben nicht; den von außen getakteten Rhythmus, der nicht meiner war; das Gefühl, ständig gehetzt zu werden; das Gefühl, immer mehr leisten zu müssen, als ich schaffe. Das Fazit war erschütternd: Irgendwie war ich in ein Leben hineingerutscht, das mir überhaupt nicht gefiel. Es überforderte mich. Und das machte mich wütend.

Was hielt mich davon ab, es zu ändern? Auch diesen Glaubenssatz konnte ich enttarnen: Ich wollte mir und anderen etwas beweisen. Ich wollte nicht als Versager dastehen. Das Verrückteste aber war: Ich wollte etwas beweisen, das ich gar nicht war. Nein, ich war gar nicht die virtuose Multitaskerin. Und ich wollte es auch gar nicht mehr sein, wenn sich dabei so viel Wut in mir anstaute.

Wir leben in einer Gesellschaft, die uns permanent zu bestimmten Zielen drängt und uns mit Standards, Normen und Kategorien konfrontiert. Du solltest die Vorstellung loslassen, dass du perfekt bist. Mach deinen Frieden damit, dass du ein wunderbar unperfektes menschliches Wesen bist, das in jedem Moment das Leben umarmt und nicht dagegen ankämpft. Thomas Young

Da stand ich nun mit meinen ganzen Kontrollzwängen, mit meinen hochgeschraubten Ansprüchen, mit dem selbst erzeugten Druck. Ich atmete aus. Und langsam, ganz langsam verabschiedete ich mich von dem Glauben, perfekt sein zu müssen. Denn diese Perfektion war nicht das, was ich wirklich perfekt gefunden hätte: ein Leben in Liebe, Freude und Gelassenheit. Diese künstliche Perfektion war ein Idealbild. Es kam aus meinen Überzeugungen und inneren Bildern, die ich offenbar aus meiner Kindheit hatte und die später von meinem Umfeld bestärkt wurden.

Viele Eltern denken, dass sie ihre Kinder lebenstauglich machen, wenn sie ihnen Glaubenssätze in Bezug auf Leistung und Perfektion mitgeben. Doch in Wahrheit machen sie ihre Kinder nur systemtauglich.

Auch ich war nach außen hin systemkompatibel, aber ich war nicht mehr selbstbestimmt. Dass ich darunter litt, dass ich aggressiv und wütend war, versteckte ich hinter der Maske der Professionalität. Doch im Privaten fiel die Maske, und ich spürte dieses grundsätzliche Unbehagen.

Viel zu lange hatte ich die Einsicht weggedrückt, dass mein Leben gar nicht zu mir passte und dass es mich unglücklich machte. Es war eine kleine Sensation für mich, das zu erkennen. Wie verbohrt ich doch gewesen war, wie blind! Was mir gefehlt hatte, war das Bewusstsein für meine eigenen Bedürfnisse nach Ruhe und Ausgeglichenheit, nach einem adäquaten Verhältnis von Anspannung und Entspannung. Ich hatte aber einfach nicht daran geglaubt, dass so etwas möglich sein könnte – meine negative Überzeugung verbot es mir. Ich hatte nur Erwartungen erfüllt, die Erwartungen anderer Glaubenssätze, die ich mir zu eigen gemacht hatte.

Wenn wir leiden, hat das auch mit unseren Erwartungen zu tun. Du willst, dass die Dinge in einer bestimmten Weise laufen, und wenn das nicht passiert, kommen das Leiden und der Schmerz. Wirklich frei bist du nur, wenn du nichts erwartest. Dann kannst du auch nicht wütend oder enttäuscht sein. Anstelle der ganzen Projektionen machst du dir bewusst: Es ist egal, was passiert, es stellt nicht das an mir infrage, was ich wirklich bin. Mooji

Es ist ein unglaublich entlastendes Eingeständnis, wenn ich sage: Ich erwarte nichts. Schon gar nicht, dass alles in einer Weise perfekt läuft, wie es von mir erwartet wird. Ich bin auch nicht sozusagen meine eigene Krone der Schöpfung, Was ich wirklich bin, ist unantastbar und wundervoll und in sich perfekt. Ich habe auch einen Teil in mir, der spielen möchte, und der darf Fehler machen – der darf sich mal schwach fühlen, dann wieder stark.

Wir kennen alle die Scham und die Schwäche. Wir kennen alle Minderwertigkeitsgefühle, Selbstekel, Zorn. Jetzt haben wir die Chance, uns davon zu befreien. Wenn wir das tun, wird sich das Leben radikal ändern. Natürlich kommen dann noch einmal alle alten Ängste hoch. Auch ich hatte Angst, etwas Entscheidendes zu verändern. Mein altes Leben, so unglücklich es mich auch machte, hatte mir immerhin eine verlässliche materielle Basis verschafft. Wenn ich meinen Job aufgab, wovon sollte ich leben?

Also stand ich vor der Wahl: abgesichert, aber unausgeglichen und wütend – oder finanziell auf ungewissem Terrain, aber glücklich. Alle Glaubenssätze hatten noch mal ihren großen Auftritt, alle diese Zweifel und Einwände. Nachts lag ich wach und überlegte, was richtig für mich ist. Aber gab es überhaupt Richtig und Falsch? Nein, es ging nur darum, was gut für meine Seele war. Ich wollte nicht mehr wütend sein. Ich wollte ein harmonisches Leben führen und eine hingebungsvolle Mutter sein. So fasste ich Vertrauen – und das Wunder geschah: Alles fügte sich.

Sobald etwas in unserem Leben querschießt, sind wir nicht mehr in unserer Mitte. Dann haben wir uns von unserem Selbst entfernt und in irgendetwas verstrickt, uns zum Beispiel an die Erwartungen anderer Menschen geknüpft. Wenn wir aber mit unserem Innersten im Einklang sind, dann synchronisiert sich alles so, wie wir es ersehnen. Dann haben wir liebevolle Menschen um uns, die uns bestätigen, die uns helfen und uns das Gefühl vermitteln: Ja du bist wertvoll. Dann kommen auch die materiellen Dinge zu uns, und alles gelingt – weil wir uns unserer inneren Schöpferkraft und unserer Wertigkeit bewusst sind. Esther Kochte

Von Esther lernte ich, dass wir tatsächlich dieses Urvertrauen haben dürfen. Dann fließen die Energien wieder dorthin, wohin sie fließen sollten: in unser Herz, in unsere Seele, in unsere Intuition. Von dort aus strahlen sie auf unser Umfeld aus und erschaffen genau das, was wir uns im Innersten wünschen. Insofern ist es wichtig, worauf wir unsere Aufmerksamkeit richten. Fokussieren wir sie auf das Außen, auf alte Überzeugungen, fließen auch die Energien dorthin, und wir fühlen uns zu kraftlos, um etwas Neues zu verwirklichen. Zentrieren wir uns jedoch und machen uns bewusst, dass wir selbst die Quelle sind, aus der alles Positive fließt, haben wir die Hoheit über unser Leben zurückbekommen. Und keinen Grund mehr, wütend zu sein.

## ICH BIN EINE
## KOSMISCHE SPÜLMASCHINE

Mit meiner Freundin Claudia Dorfmeister, die auch
Beratungen anbietet, habe ich immer viel Spaß, wenn wir
mit den Einweihungslehren von St. Germain arbeiten, der
uns auf sehr klare und humorvolle Art »Abkürzungen« zu
unserer Transformation anbietet. Von ihr habe ich
folgendes Tool erhalten:

Wann immer wir in unserer Welt mit Dingen konfrontiert
werden, die wir als unangenehm bewerten und dadurch
auch so erleben, lädt uns St. Germain ein, ein »kosmisches Spülmaschinenbewusstsein« in uns zu aktivieren.
Das heißt, wir reinigen negative Triebkräfte – egal, ob sie
aus unserem Inneren aufsteigen oder von außen an uns
herangetragen werden – mithilfe strahlender, kristallklarer
Energien. Und das funktioniert so:

Stelle dich aufrecht hin und spüre die Erde unter deinen
Füßen, die dich trägt. Lass deinen Oberkörper in dein
Becken sinken und richte dich wieder auf. Lockere deinen
Unterkiefer und richte deinen Blick nach vorn. Die Schultern
lässt du entspannt fallen.

Nun sprich drei Mal laut folgende Affirmation (gern auch
öfter): »Ich bin die violette Flamme in Tätigkeit auf Erden.
Ich bin die göttliche Gnade in Tätigkeit auf Erden!« Stelle
dir dabei vor, dass du von einer violetten Flamme
umgeben bist, die alles »Negative« in dir umspült und in
seiner kraftvollen Flamme auflöst. Unsere Bereitschaft,
eine kosmische Spülmaschine für die Welt zu sein, ist ein
kraftvoller Akt des Mitschöpfertums für unsere neue Erde.

Arjuna Ardagh hat mir eine vollkommen neue, befreiende Sicht auf den Unterschied zwischen Emotionen und Gefühlen vermittelt. Denn die meisten Menschen haben einen Widerstand gegen Emotionen, da diese sie oft verstören und quälen. Tiefe Gefühle dagegen sind eine Einladung, das Leben in seiner Fülle zu erleben. Der Unterschied zwischen Gefühlen und Emotionen besteht darin, dass Emotionen immer mit einer »Story« verknüpft sind – dem Bedürfnis, zu wissen, warum ich diese Emotion gerade habe. Wenn ich wütend bin, quäle ich mich also damit ab, nachzudenken, warum ich wütend bin. Dann versuche ich, jemand anderem die Schuld dafür zu geben, und verstricke mich in einem endlosen Hin und Her an Schuldzuweisungen. Sofort gehe ich dem denkenden Verstand in die Falle.

### SURFE DEINE EMOTIONEN

Das Tool, das mir Arjuna mitgegeben hat, nenne ich persönlich »Surfe deine Emotionen«, da ich damit wie ein Wellenreiter an meinen Gefühlen entlangsurfe und sie in ihren verschiedenen lebendigen Facetten erforsche und spüre. Ich liebe dieses Tool. Sobald du Wut in dir hochsteigen spürst, lass deine Gedanken darüber los, wer oder was diese Wut ausgelöst hat. Spüre einfach in dich hinein, was gerade ausgedrückt werden will. Das können auch Sätze sein, die in dir hochsteigen, wie zum Beispiel: »Ich bin so wütend, ich könnte ihm an die Gurgel springen … oh, interessant!« »Ich habe da so ein wildes Gefühl in der Magengrube, alles zieht sich zusammen … wie spannend.« »Ich stelle mir jetzt vor, dass er dieses Polster ist, und verpasse ihm einen heftigen Boxschlag!« »Ich fühle mich total missachtet und spüre, wie Tränen hochsteigen … sehr aufschlussreich!« »Oh, und jetzt will etwas in mir loslachen … fein!«

# Ich fühle mich schuldig

*Krisen und Schicksalsschläge
sind keine Strafen,
sondern ein Weckruf.*

Die Worte meiner Mutter gellen mir noch in den Ohren: »Ich gehe jetzt weg und komme nie wieder! Das ist allein deine Schuld!« Das war während des Streits, den ich am Anfang des Kapitels erwähnte. Es waren furchtbare Sätze. Sie taten weh. Damals, als kleines Mädchen, wusste ich aber noch nicht, welche Macht sie möglicherweise später über mich haben würden. Interessant ist, dass sich meine Mutter nicht einmal mehr an diesen für sie nebensächlichen Vorfall erinnern konnte. Ich bin ihr dankbar für dieses Erlebnis, weil es mich sehr dafür sensibilisiert hat, was ich Moritz kommuniziere. Mir ist aber wichtig zu betonen, dass ich mich inzwischen mit meiner Mutter über den Vorfall ausgesprochen habe und dass er nicht mehr zwischen uns steht. Mittlerweile verstehe ich mich wunderbar mit ihr, und sie ist zu einer meiner besten Freundinnen geworden. Ich habe ihr verziehen – etwas unendlich Wichtiges. Dennoch hat mich auch danach etwas beschäftigt, etwas sehr Grundlegendes: Im Leben der meisten Menschen kommt es zu Situationen, in denen sie sich schuldig fühlen. Nicht weil sie etwas angestellt haben oder weil sie Schuld auf sich geladen hätten, nein, das Gefühl kommt wie aus dem Nichts. Doch mit Sicherheit gab es irgendwann eine Situation, in welcher der Betreffende eine negative Bewertung erlebt hat.

Schuldgefühle sind ein emotionales Muster, mit
dem wir auf Abwertungen reagieren. Gleichzeitig
übernehmen wir die Verantwortung für alles
Schlechte, das danach noch kommen könnte.

Eine Erinnerung steigt in mir hoch. Es war kurz nach der Geburt von Moritz, als sein Vater mich verließ, nur zwei Monate nachdem ich ihn geboren hatte. Ich entwickelte mich zu einer echten Drama-Queen. Zu meinen Ängsten kamen noch weitere Gedanken hinzu: »Ich habe als liebenswerte Frau versagt.« Und: »Ich werde als völlig überarbeitete, alleinerziehende Mutter enden.« Die Verbindung dieser beiden Gedanken ist hochinteressant (im Nachhinein kann ich das ganz locker sagen, damals war es furchtbar). Denn erstens gab ich mir die Schuld, dass ich verlassen worden war, und zweitens folgerte ich daraus eine absolut negative Zukunft.

Ich übernahm also die volle Verantwortung, sowohl für das Verlassenwerden als auch für alles Schlimme, das mich zweifellos noch erwartete. So lud ich mir die Last auf die Schultern, für immer schuldig zu sein, egal, was passierte. Es war, als sei das ultimative Strafgericht über mich hereingebrochen. Ein Leben lang würde ich nun büßen müssen. Was ich mich leider nicht fragte: Wofür eigentlich?

Das Verantwortungsgefühl ist eine sehr verhängnisvolle
Emotion, denn sie führt sehr schnell zu einer Vorstellung
von Schuld. Das ist sehr belastend. Thorsten Brügge

Als ich genauer darüber nachdachte, gab es eigentlich keinen Grund, mich schuldig zu fühlen. Ich hatte keine Gewissensbisse wegen bestimmter Verhaltensweisen, ich war kein schlechter Mensch. Außerdem hatte ich mich um eine gute Beziehung bemüht wie jeder andere Mensch auch. Doch auf eine geheimnisvolle Weise begann ich nun, diese überschwere Last auf meinen Schultern zu spüren, die mich förmlich zu Boden drückte.

In dieser Zeit war ich voller Selbstvorwürfe, manchmal geriet ich sogar in Panik. Durfte ich denn nie wieder glücklich sein? Wog meine Schuld so schwer, dass ich das Recht auf ein unbeschwertes Leben verloren hatte?

*Mit meinen Schuldgefühlen verurteilte ich mich selbst. Ich übertrug die Abwertung durch andere auf mich und wagte nicht mehr, mir ein glückliches Leben vorzustellen.*

An dieser Stelle kommen wir nicht umhin, die religiösen Konzepte zu erwähnen, die uns steuern. Denn die Idee von Sünde, Schuld und Bestrafung gehört in unserem Kulturkreis zu den wirkmächtigsten Überzeugungen, auch wenn man nicht im engeren Sinne religiös ist. Seit Adam und Eva in der biblischen Überlieferung aus dem Paradies vertrieben wurden, wird der Mensch in der Bibel als sündhaft dargestellt. Die Bibel ist voll von schrecklichsten Bestrafungen: Da wird mit der Sintflut fast alles Leben auf der Erde ausgelöscht, da versinken Sodom und Gomorrha in einem Feuerregen und brennen nieder.

Der strafende Gott gehört sicherlich zu den erschreckendsten Figuren aller Religionen. Schon kleinen Kindern droht man damit, dass der liebe – wieso eigentlich der liebe? – Gott alles sieht und unerbittlich bestraft. Die Botschaft des Neuen Testaments dagegen, in dem von Vergebung der Sünden die Rede ist, wird deutlich seltener erwähnt, wenn Eltern ihre Kinder einschüchtern wollen.

Ein Glaubenssystem, das sehr stark in unserem kollektiven Bewusstsein verankert wurde, und zu großer Angst, ja zu kriegerischen Auseinandersetzungen geführt hat, ist unsere Idee von Gott. Viele Religionen lehren, dass wir nach dem Bild Gottes erschaffen wurden, aber ich denke, es passierte genau umgekehrt: Wir haben die Vorstellung von Gott nach unserem eigenen Bild erschaffen. Und so stellen wir uns Gott als patriarchalisches Wesen vor – ein Wesen außerhalb der Kreation, das uns in jedem Moment beobachtet und über uns urteilt. Wir leben in ständiger Angst vor Bestrafung, anstatt zu erkennen, was für wundervolle, multidimensionale, strahlende Wesen wir sind. Kiara Windrider

Das Vertrackte an dem Konzept von Schuld und Sühne ist das Prinzip der Kausalität. Denn es heißt ja: Wenn du etwas Falsches tust, wirst du bestraft. Wir ziehen aber auch den Umkehrschluss: Wenn uns etwas Schreckliches passiert, dann muss es zwangsläufig eine Strafe sein. Wir schlussfolgern also, dass wir immer selbst schuld sind, wenn etwas Schlimmes in unserem Leben passiert.

Man muss sich diesen Glaubenssatz einmal in seiner ganzen Tragweite bewusst machen. Das ist mehr, als ein Mensch ertragen kann. Schuldgefühle erzeugen denn auch viele destruktive Verhaltensweisen. Immer mehr junge Menschen zum Beispiel neigen zur Autoaggression. Sie ritzen sich mit Messern, sie betreiben waghalsige Mutproben wie S-Bahn-Surfen oder gefährden sich mit Komatrinken. Auch Fingernägelkauen wird als selbstverletzendes Verhalten eingestuft. Nach unterschiedlichen Schätzungen sind allein in Deutschland 600 000 bis 1,2 Millionen Menschen davon betroffen.

> Von der Selbstbeschuldigung führt ein direkter Weg
> zur Selbstbestrafung und Selbstverletzung.

Nicht immer ist das so offensichtlich wie beim sogenannten »Ritzen« der Unterarme, was besonders häufig bei jungen Mädchen vorkommt. Wir haben auch weit weniger offensichtliche Strategien, wie wir die Schuldgefühle des Unterbewusstseins nach außen tragen. Immer dann nämlich, wenn wir etwas Negatives widerspruchslos hinnehmen. Wir sagen dann: »Ich habe es nicht besser verdient.« Oder: »Es musste ja so kommen.«

Das Problem ist, dass diese Gefühle so übermächtig sind. Sie verstellen uns den Blick dafür, dass jeder, einfach jeder auf diesem Planeten für das Glück und die Freude geschaffen ist. Wir aber klammern uns an den Schuldglauben: Wir glauben nicht, dass wir einen liebenswerten Partner verdient haben, eine Familie, die von Vertrauen getragen ist, einen Job, der uns Spaß macht. Das ganze Leben steht im Schatten der Schuld, und in diesem Schatten verkümmern wir immer mehr. Im Grunde fangen wir an, alles mit negativen Assoziationen zu belegen, weil das Gefühl im Moment der ersten Abwertung so stark war.

Alles, was wir mit emotionaler Aufladung erleben, speichert sich als starker Reizimpuls in unserem Gehirn ab. Wenn meine Eltern mir zum Beispiel sagen: »Wir wollen ja nur dein Bestes, wir lieben dich ja, aber wir wollen, dass aus dir etwas wird«, und sie mich dann aber schlagen, wenn ich eine Sechs nach Hause bringe, dann bekomme ich eine ungünstige Assoziation zum Thema Liebe. Dann denke ich: Immer wenn ich geschlagen werde, bedeutet das Liebe. Später, als Erwachsener, suche ich dann Partner, die mich schlagen, und verwechsle dieses Gefühl mit Liebe. Esther Kochte

Übersetzt auf die Schuldgefühle, bedeutet das: Habe ich erst einmal gelernt, dass selbst meine engsten, liebevollsten Bezugspersonen mich beschuldigen und mir die alleinige Verantwortung für Konflikte aller Art zuschieben, dann werde ich auch später vom Partner nichts anderes erwarten. Von ihm geliebt zu werden ist dann ein Synonym dafür, von ihm schuldig gesprochen und bestraft zu werden. Natürlich nicht in der Realität – aber in meiner Wahrnehmung.

Verantwortung und Schuld sind aber nur im Jetzt überhaupt existent. Wenn jemand zum Mörder wird, trägt er in diesem Moment eine Schuld. Schuldgefühle dagegen kommen aus der Vergangenheit und sind auf der Ebene des Unterbewusstseins gespeichert. Es geht also nicht darum, dass wir prinzipiell verantwortungslos sein dürfen, sondern darum, dass wir diese unterbewusste, lange zurückreichende Schuldübernahme loswerden. Aus der Falle der Schuldgefühle kommen wir aber nur heraus, wenn wir uns selbst wieder als unschuldig und wertvoll wahrnehmen.

Wenn wir verstehen, dass wir in einem universalen System der Liebe leben, sind wir frei von dem Gefühl, schuldig und minderwertig zu sein. Krisen und Schicksalsschläge sind keine Strafen, sie sind nur ein Zeichen dafür, dass wir aufwachen sollen. Deshalb ist es so wichtig, dass wir uns durch Bewusstseinsarbeit wieder voll annehmen können. Sobald wir uns als liebenswerte, göttliche Geschöpfe annehmen, befreien wir uns von Schuldgefühlen.

### INNERE MANTRAS

Dieses Tool gehört seit Langem zu meinem Alltag. Es ist ganz einfach: Ich schreibe mir Sätze auf Zettel und hänge sie überall hin, wo täglich mein Blick hinfällt – an den Kühlschrank, an den Badezimmerspiegel, über meinen Schreibtisch.

So programmiere ich mein Unterbewusstsein neu, denn die positiven Botschaften, die ich dadurch an mich selbst verschicke, wirken noch lange nach, nachdem ich sie gelesen habe. Alle negativen Gedanken verschwinden, Gedanken wie: Ich bin ein Verlierer. Ich kann nichts dagegen tun. Das Leben ist schwer. Ich bin schuld daran. Also schreibe folgende Sätze auf verschiedene Zettel und verteile sie in deiner Wohnung, wenn du magst, auch an deinem Arbeitsplatz:

»Jeder Tag ist ein neuer Anfang.«

»Jede Veränderung ist eine Verbesserung.«

»Ich respektiere und akzeptiere mich.«

»Ich bin frei.«

»Ich werde geliebt.«

Finde deine eigenen Mantras, die dir helfen!

# Ich bin ganz allein

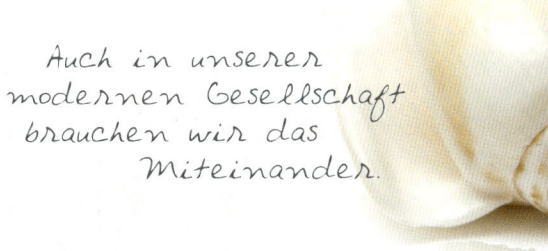

*Auch in unserer modernen Gesellschaft brauchen wir das Miteinander.*

Einsamkeit, hat mal jemand gesagt, sei eine Zivilisationskrankheit. Und in der Tat: Der Single ist ohne Frage eine Erfindung der modernen Industriegesellschaft. Alle Naturvölker leben in der Gruppe, unterstützen sich gegenseitig und meistern die Herausforderungen des täglichen Lebens gemeinsam. Aus diesem Verbund ausgestoßen zu werden bedeutet das größte Unglück – und dort, wo es noch um das nackte Überleben geht, vielleicht sogar den Tod.

Der Mensch ist ein soziales Wesen, das wissen wir. Er braucht das Gegenüber, die Beziehungen, die umarmende Liebe. Deshalb geht er zugrunde, wenn er sich verlassen fühlt. Es gibt sogar Studien, die belegen, dass Paare länger leben als Singles und dass die Stressbewältigung umso leichter fällt, je mehr intensive Bindungen jemand an Bezugspersonen aus Familie und Freundeskreis hat. Wir brauchen das Miteinander, auch in der Moderne. Doch die Gesellschaft macht es uns nicht leicht. Jede Bindung steht unter dem Belastungstest von Zeitmangel, Hektik, Stress und Arbeitsdruck. So werden wir zu Einzelkämpfern.

Auf sich gestellt zu sein ist ein Grundgefühl
unserer Gegenwart. Durch die Priorität von Arbeit
und Beruf vernachlässigen viele Menschen ihre
Bindungen und werden einsam.

Das Einsamkeitsgefühl wird dadurch verstärkt, dass oft auch keine überge-
ordnete Bindung besteht. Es fehlt der höhere geistige Bezugsrahmen, in dem
man sich sicher fühlen könnte. Kommt es zu großen Belastungen, ist da
nichts und niemand, der den Einsamen auffangen könnte. Dann tauchen
Gedanken auf wie: »Ich bin ganz allein auf der Welt. Niemand hilft mir. Ich
muss alles mit mir selbst ausmachen.«

Selbst die Religionen stellen ja Bedingungen, unter denen wir uns zugehörig
fühlen dürfen. Sie treten mit einem Wertesystem auf, das darüber entscheidet, ob wir von Gott akzeptiert werden oder nicht – jedenfalls wird es in der
religiösen Vermittlung oft so dargestellt. Wer ist sich schon bewusst, dass
Gott uns liebt, egal, wer wir sind oder was wir tun?

Viele der großen Weltreligionen sagen uns,
wir seien nicht eins mit Gott. Sie reden uns
ein, dass der Tod unserer Beziehung zu Gott
schon vor unserer Geburt einsetzt. So
wachsen wir in dem Bewusstsein auf, wir
seien getrennt von allem, was ist. Das ist ein
großes Missverständnis, denn es ist eine
Illusion, zu glauben, wir seien abgetrennt.
Neale Donald Walsch

Von allem getrennt zu sein – das war genau die Erfahrung, die ich machte, als
ich auf dem Höhepunkt meiner Krise war: Ich fühlte mich verlassen von allem, auch von Gott. Da war nichts mehr in mir, was mir Halt gab. Ich glaubte nichts mehr und hoffte nichts mehr.

Dann plötzlich sah ich das Licht. Mein Bewusstsein erwachte. Ich spürte auf einmal, dass ich nicht allein war. Voller Glück erkannte ich: Mich umgibt eine Heerschar von Wesen, die mir helfen – und auch mein höheres Selbst. Doch dafür musste ich erst einmal meine Schwäche akzeptieren. Ich musste mir eingestehen, dass ich nicht alles ganz allein mit meinem Verstand lösen kann und das auch gar nicht tun muss. Ich durfte loslassen!

*In dieser Phase entwickelte ich ein Mantra. Es ist der Satz: »Ich bitte um Hilfe.« Er erinnert mich daran, dass ich mich in einer schwierigen Situation selbst zurücknehmen kann und die göttliche Hilfe zulasse.*

Es klingt so einfach, doch für mich war es eine große Überwindung, so weit zu kommen, dass ich loslassen konnte: die Überzeugung, allein zu sein, die Überzeugung, alles selbst bewältigen zu müssen, die Überzeugung, dass es mir bestimmt war, mich verlassen zu fühlen. Mit solchen Überzeugungen werden die meisten Menschen erzogen: »Du musst das alles selbst schaffen, mache es aus dir selbst heraus, sei perfekt!« Doch all diese Überzeugungen sind Irrtümer, auch wenn ich lange fest daran geglaubt hatte.
Das Eingeständnis, hilfsbedürftig zu sein, wirkt wie ein Tool. Die ganze Verzweiflung des Verlassenseins verschwindet, und wir dürfen uns wieder fallen lassen und vertrauen. Dann entfaltet sich das Bewusstsein hin zum kosmischen Bewusstsein. Wir sind nicht allein. Wir werden alle getragen und umarmt von den erschaffenden Kräften des Universums!

Wenn wir uns abgetrennt vom Universum fühlen, nehmen wir uns nur noch als winzige Teilchen wahr, die gegen alles andere ankämpfen müssen. Deshalb haben wir permanent Angst. Haben wir keine Beziehung, macht uns das Angst, haben wir eine Beziehung, fürchten wir, sie zu verlieren. In dem Moment, in dem mir bewusst wird, dass ich zum Universum gehöre, ja, dass ich selbst ein Universum in mir bin – so wie im Hologramm an jedem Punkt das Ganze enthalten ist –, fühle ich mich eins mit allem. Ich fühle mich eins mit Gott und mit den Menschen meines Lebens. Dann kann ich weder etwas verlieren noch verlassen werden. Alles, was ich verliere, sind Illusionen und Dinge, die ohnehin keinen Bestand haben. Gloria C. Ramirez

Mittlerweile habe ich mich von den Illusionen verabschiedet und damit auch von meinen Schuldgefühlen. Mir ist jetzt bewusst, dass alles in mir ist und dass ich alles habe, was ich brauche: meine universale Verbundenheit. Es ist so unglaublich erlösend, wenn man das erst einmal verstanden hat und wirklich in sich spürt! Ich fürchte weder, verlassen zu sein, noch, etwas zu verlieren. Warum auch? Alles ist ja in mir! Ich brauche nichts festzuhalten, keinen Partner, keinen Job, nicht einmal Besitz oder Freunde. Es kommt zu mir, was zu mir gehört, das weiß ich.

Deshalb brauche ich auch nichts festzuhalten. Und auf diese Weise änderte ich mein erlerntes Reaktionsschema: Ich klammerte mich nicht mehr verzweifelt an das, was sich zu lösen begann, wie ein Kind, das sich an die Mutter klammert, wenn sie geht. Nein, mit großer Gelassenheit lasse ich zu, was kommt, und lasse los, was geht. Die Welt ist ein beständiger Wandel, und an jedem Punkt, in jeder Phase wird es mir gut gehen.

Seit ich mich nicht mehr verlassen fühle, bin ich unglaublich stark, auch in der Schwäche. Es ist mir bewusst, dass ich innerlich souverän bleiben kann, wenn ich um Hilfe bitte und damit die Gesetze des Universums anerkenne. Ich hole mir nicht sozusagen den großen Bruder, der mir hilft und alle Probleme für mich löst, sondern aktiviere meine eigene Stärke, weil Gott in mir ist.

Dieses Urvertrauen löschte mein inneres Programm von Angst und Schuld. Es konnte mich nicht länger klein und hilflos machen. Mithilfe des erwachten Bewusstseins war ich tief in mein Unterbewusstsein vorgedrungen. Dies ist der einzige Weg, den wir einschlagen können, wenn wir wirklich etwas gegen Angst und Selbstentwertung tun wollen. Das ist nicht eine Sache des Verstands, es ist eine Sache des Unterbewusstseins: »Let go and let God!« – Lass los und lass die Weisheit des göttlichen Universum zu.

Du kannst keine Veränderung herbeiführen, indem du dich gedanklich damit auseinandersetzt oder einen Selbsthilfe-Ratgeber liest. Der Grund dafür ist ganz einfach: In diesem Fall beschäftigt sich nur dein Verstand damit. Doch der Verstand lernt anders als das Unterbewusstsein. Auch wenn wir theoretisch wissen, dass wir unglücklich sind und ein besseres Leben haben wollen, können wir doch nichts ändern, weil das Verhalten im Unterbewusstsein wurzelt. Nur fünf Prozent unserer Entscheidungen werden vom Verstandesbewusstsein bestimmt, 95 Prozent dagegen sind durch alte Glaubenssysteme unseres Unterbewusstseins gesteuert. Bruce Lipton

Wir müssen also gleichsam tiefer graben, bis in diese 95 Prozent. Dort findet die Veränderung statt, nicht in unserem intelligenten Tagesbewusstsein. Wie viele Leute sagen Sätze wie: »Ich weiß, dass diese Frau mir nicht guttut, aber ich hänge an ihr.« Oder: »Ich weiß, dass dieser Job mich krank macht, aber ich sehe keine Alternative.« Der Verstand ist immer klüger, das Verhalten korrigieren aber kann er kaum. Deshalb müssen wir unsere Gefühle beachten und sie sehr genau anschauen: Ängste, Wut, Schuldgefühle, Einsamkeit. Sie sind Botschaften aus dem Unterbewusstsein: »Spür doch, hier stimmt was nicht! Hier liegt ein Trauma, eine Verletzung, eine Herabwürdigung, die du tief in dir nie vergessen hast. Deshalb hast du diese niederschmetternden Gefühle, die dich einschränken und das Glück unerreichbar werden lassen.« Dies hat Esther so wunderbar klar formuliert:

Wenn wir unseren emotionalen Urgrund bereinigen, also unsere Mangelgefühle auffüllen, dann verschwinden automatisch die Glaubenssätze, die daran gekoppelt waren. Esther Kochte

Vor allem das Verlassensein ist ein Mangelgefühl. Aber wir können es »auffüllen«, wie Esther sagt, und zwar mit dem Universum an Freude und Glück, das wir in uns selbst erwecken. Es war immer da, wir haben es nur nicht so empfunden, weil es von den Glaubenssätzen überlagert wurde.
Diese Perspektive hat mein Leben von Grund auf verändert. Ich erfuhr mich nun als eins, nicht mehr abgetrennt. Ich fühlte mich heil und grenzenlos geliebt. Meine Hilflosigkeit war völlig verschwunden. Ich fühlte mich stark, ich fühlte mich verbunden mit einer allumfassenden Kraft. Auf einmal traute

ich mir zu, alles zu tun, was immer ich wollte, denn alles war fließend und veränderbar, sogar die Dinge, die wie in Stein gemeißelt schienen. Und plötzlich begriff ich: Wenn ich es kann, können alle es tun!

Tool 10

### SCHREIBE DIR SELBST EINEN LIEBESBRIEF

Dieses wundervolle Tool habe ich von meiner Freundin Eva Novak, die auch »Marry YourSelf Ceremonies«-Seminare anbietet.

Begib dich an einen Ort, an dem du ganz zur Ruhe kommen kannst. Das kann zum Beispiel ein bestimmter Platz in der Natur oder in deinem Zuhause sein, an dem du dich geborgen fühlst. Wenn du bereits mit dem Thema Meditation vertraut bist, kann das auch ein Ort in dir selbst sein, unabhängig vom Außen. Wie auch immer – gestalte den Raum so, dass du dich wohlfühlst. Lege dir zudem Papier und Stift zurecht. (Ein Computer ist genauso gut, wenn du das möchtest, und wenn du deine Stimme gern hörst und über die technischen Möglichkeiten verfügst, kannst du dich natürlich auch aufnehmen.) Bereite dich nun innerlich darauf vor, einen Liebesbrief an dich selbst zu schreiben. Achte aber darauf, dass du nichts vorformulierst und keinem Konzept folgst, nur um einem Ideal zu entsprechen. Lege los, sobald du dich bereitfühlst – einfach aus dem Bauch heraus! Du wirst merken, dass schon das Schreiben oder Aufnehmen die Verbindung zu dir selbst stärkt. Nähre diese Verbindung, indem du dir deine Worte immer wieder vorliest oder anhörst, besonders in Zeiten, in denen du Unterstützung brauchst. Viel Freude dabei!

Kapitel **3**

# Die Ursachen unseres Leidens

# Im Widerstand leben

*Das Neue ist dein Sprungbrett ins erwachte Bewusstsein.*

Wollen wir nicht alle ans Licht? Wollen wir nicht alle ins Paradies zurückkehren? Und doch durchkreuzen wir diese Sehnsüchte immer wieder. Wir tun es systematisch und wirkungsvoll, ohne dass uns das bewusst wäre. Unsere inneren Programme und Überzeugungen sind es, die uns immer mehr von unserer Bestimmung abbringen, in Freiheit und Glück zu leben. Sie diktieren uns einen Handlungsmodus, mit dem wir uns selbst zerstören. Und das, obwohl wir oft wider besseres Wissen handeln.

Wie Bruce Lipton so überzeugend erklärt hat, sind selbstzerstörerische Handlungsweisen deshalb so schwer zu verändern, weil sie aus dem riesigen Pool des Unterbewusstseins stammen. Solange wir keinen Kontakt mit dem Unterbewusstsein haben, nehmen wir nur die damit verbundenen Gefühle wahr, also all jene Emotionen, die im vorangegangenen Kapitel beschrieben wurden: Angst, Wut, Schuldgefühle, Verlassenheitsgefühle. Sie sind es, die uns in destruktive Bahnen drängen.

Alles, was wir aufgrund negativer Glaubenssätze des Unterbewusstseins tun, sabotiert unser Bewusstsein, unsere Beziehungen, unser Lebensglück. Ich kann gar nicht in Worten ausdrücken, wie dankbar ich bin, dass ich Menschen traf, die mich in ihr Wissen einweihten und mir die Augen dafür öffneten. Von ihnen lernte ich, diese Mechanismen zu erkennen und aufzulösen.

Verhaltenweisen, die sich an alte Programme
und Überzeugungen knüpfen, sind Sabotagemechanismen.

Zunächst einmal ist ja klar: Wir würden gern gelassen sein, entspannt und
in perfekter Harmonie. Doch dann melden sich die inneren Stimmen. Sie
reden heftig auf uns ein, sie kritisieren uns und haben uns fest im Griff. Es
sind die Stimmen unserer Überzeugungen. Und sie fahren all die Geschütze
unserer Glaubenssysteme auf: Vergleichen und Bewerten, Kategorisieren
und Limitieren, Gebote und Verbote.
Es versteht sich von selbst, dass die Wirklichkeit, die wir dann vorfinden,
alles andere tut, als unser Wünsche zu erfüllen. Das wurmt uns. Das lässt uns
nicht ruhen, und wir werden unzufrieden. Statt also in Harmonie mit dem
zu leben, was gerade geschieht, gehen wir in den Widerstand. Wir sträuben
uns gegen die Welt, wie sie ist. Sie ist uns nicht genug. Wir selbst sind uns
nicht genug. Damit beginnt ein aussichtsloser Kampf, dessen Verlierer wir
selbst sind.

Widerstand bedeutet, dass du dich gegen alles stemmst, was
gerade passiert. Wenn du aber eine Veränderung allein durch
Ablehnung durchsetzen willst, veränderst du nichts – du bleibst
nur bei dem Muster des Widerstands. Jackie O'Keeffe

Wenn wir in den Widerstand gehen, sehen wir auch nicht, was sich vielleicht
schon an guten Entwicklungen ankündigt. Wir vergleichen alles nur mit unseren Archetypen und Glaubenssätzen. Jemand sagt vielleicht: »Mein Job ist
furchtbar, ich hasse ihn. Ich würde so gern etwas anderes machen.« Da er aber
seine ganze Aufmerksamkeit auf den Hass legt, fließen auch seine Energien
dorthin. So übersieht er möglicherweise, dass sich in seinem Job bereits neue
Optionen auftun. Oder er bemerkt gar nicht, dass sich schon jetzt eine Gelegenheit ergibt, aus einer seiner liebsten Neigungen einen Beruf zu machen.
Die unablässige Kritik am Bestehenden und der energetisch auslaugende
Widerstand schwächen auf Dauer jeden Impuls für eine echte Veränderung.
Denn die Veränderung liegt nie in einer fernen Zukunft oder an einem fer-
nen Ort, sie kann immer nur dort stattfinden, wo wir bereits sind.

Solange wir unser momentanes Leben ablehnen,
können wir das Jetzt nicht als Teil eines Entwicklungs-
schritts begreifen. Wir lehnen das Jetzt ab und
vertagen die Veränderung auf später.

Das war auch bei mir der Knackpunkt. Für mich zum Beispiel brach eine
Welt zusammen, als ich plötzlich alleinerziehende Mutter war. So hatte ich
mir das nicht vorgestellt. Das entsprach nicht meinem inneren Bild der per-
fekten Familie, von der ich immer geträumt hatte.

Wie viel Kummer hätte ich mir ersparen können, wie viele schlaflose Nächte
und wie viele Sorgen, wenn ich hätte sagen können: »Aha, jetzt bin ich
alleinerziehend. Na, da bin ich ja mal gespannt, was diese neue Situation
mir Gutes bringt.« Ich hätte mich also einfach ohne Widerstand auf diese
Lebensform einlassen können, im Vertrauen darauf, dass sie mindestens so
vielversprechend ist wie das Klischee der »heilen Familie«.

Das Einzige, was uns davon abhält, das Licht zu umarmen, ist
unser eigener Widerstand dagegen. Ängste und Ablehnung
basieren alle auf unseren Glaubenssystemen, auf den Dramen, die
wir im Unterbewusstsein abgespeichert haben. Kiara Windrider

Diese Ablehnung zeigt sich in ganz unterschiedlichen Ausprägungen. Angenommen, eine Frau hat einen bestimmten Archetyp, mit welchem Typ
Frau sie befreundet sein möchte. Nun lernt sie zufällig eine andere Frau kennen, die diesem Bild jedoch nicht entspricht, obwohl sie interessant und lie-
benswert ist. So nimmt die Frau nicht wahr, dass die neue Bekanntschaft
großartige Eigenschaften hat – nur halt andere als die erwarteten. Ähnlich
bauen auch viele Eltern innere Widerstände auf. Sie hatten von einem braven, ruhigen Kind geträumt, nun sind sie fassungslos, dass sie ein tempera-
mentvolles, lautes Kind bekommen haben. Als Mutter weiß ich, wie sehr
man sich an einem solch lebendigen Kind freuen kann, das immer gleich
auf den nächsten Baum klettern will, auf den höchsten Emotionen surft
und jeden Tag 1000 Fragen stellt. Bleibt man aber beim alten Archetyp des
»braven Kinds«, ist all das nur störend.

Was ich aber damit sagen will: Die verschmähte potenzielle Freundin, die scheinbar nicht passt, das Kind, das vom Archetyp abweicht – vielleicht wurden diese Wesen geschickt, um eine Veränderung einzuleiten. Vielleicht hätten sie Wegbegleiter werden können für eine aufregende Erweiterung des Erlebens, eben deshalb, weil sie anders sind.

> Oft bauen wir unbewusst Widerstand gegen Menschen und Erfahrungen auf, die uns die lang ersehnte Veränderung bringen könnten.

Wären wir grundsätzlich einverstanden mit dem, was uns widerfährt, so könnten wir alles irritierend Neue als Auftakt zur Veränderung begrüßen. Die Frau könnte sagen: »Oh, diese neue Bekannte ist so anders – wie wundervoll, dass ich durch sie vielleicht neue Facetten an mir entdecken darf! Wie schön, dass sie mich vielleicht auf meinem Weg der Entwicklung begleitet und mir eine neue Welt zeigt!« Und die Eltern könnten sagen: »Wie herrlich, dass dieses Kind, das so gar nicht unseren Erwartungen entspricht, uns wieder lebendig macht! Auch wir waren viel zu brav! Jetzt können wir mit unserem Kind toben und uns selbst in kindlicher Freude neu wahrnehmen!«

Während meiner Studienzeit verbrachte ich einmal auf einer Italienreise eine Nacht auf dem Stromboli. Mein damaliger Freund und ich wollten bei Nacht das spektakuläre Schauspiel der Lavafontänen beobachten, die der Vulkan über 100 Meter hoch in den Nachthimmel stößt. Die Dunkelheit war kaum hereingebrochen, als wir von einem mächtigen Gewitter überrascht wurden, das, laut ansässiger Wetterstation, das heftigste seit 20 Jahren war. Das Gewitter wurde von einem Hagelsturm begleitet. Heftige Blitze schlugen neben uns ein, der Tiefdruck drückte die Schwefeldämpfe auf uns nieder, die aus der brodelnden Lava entwichen und sich mit dem Ozongeruch der Blitze mischten, und unsere Augen brannten im Dunst dieser Dämpfe. Die Erde grollte unter unseren zusammengekauerten, zitternden Körpern.

An einen Abstieg in diesem unbekannten, von Kratern durchzogenen Gelände war nicht zu denken. Angst lähmte mich, und ich begann zu beten, dass diese Angst so schnell wie möglich vorbeigehen möge. Plötzlich begann sich die Klammer, die sich um meine Brust gelegt hatte, zu lösen. Mit dem nächsten Blitz durchzuckte mich die Bereitschaft, diesen Moment anzunehmen, wie er ist. Ich kann nicht behaupten, dass ich mich »excited and ready« fühlte, aber schon damals wurde mir klar, dass mich mein Widerstand gegen diese Situation, gegen die Angst, die ich fühlte, vollkommen paralysiert hatte. Was für ein Glück, dass ich mich daran erinnert hatte, dass ich jederzeit um Hilfe bitten kann.

Ich habe immer die Wahl: Entweder akzeptiere ich, was geschieht, oder ich beschließe, es nicht zu mögen. Klar, ich kann es verurteilen, ich kann es hassen. Aber dann bin ich in meiner Überzeugung eingesperrt. Deshalb sage ich: Entscheide dich dafür, die Dinge in Liebe zu akzeptieren, dann zeigen sie sich dir in ihrer ganzen Schönheit. Du hast die freie Wahl. Rich Si Windelov

Für mich war es eine echte Offenbarung, was passierte, als ich nicht mehr gegen meine neue Lebenssituation anrannte, sondern einfach sagte: »Okay, interessant, das ist vielleicht der Kick-off, auf den ich immer gewartet habe!« Genauso geschah es. Und das hieß nicht, dass ich mich hängenden Kopfes damit abfand. Nein, ich nahm das Neue mit Freude und Achtsamkeit an. Es wurde mein Sprungbrett ins erwachte Bewusstsein.

Ich glaube, wenn ich diesen Schritt erst einmal gemacht habe und sage: »Ich will erwachen und ich will bewusst leben«, dann ist es, als ob ich in einen Zug einsteige. Er nimmt Fahrt auf, und ich gehe endlich auf die Reise zu mir selbst. Wenn ich der Veränderung aber Widerstand entgegenbringe, kann es sein, dass mich der Zug überrollt. Bei mir war es zum Glück so, dass ich recht schnell meine alten Glaubenssysteme loslassen konnte. Die Auseinandersetzung mit meinem Bewusstsein und die Sehnsucht nach dem Erwachen lösten meine Frustration, meine Wut und meine Ängste auf. Ich saß gern im Zug, aufgeregt und voller Vorfreude. Alles in mir – vermutlich mein höheres Selbst – rief voller Begeisterung: »Ja! Vollgas!«

Falls wir eine neue, ungewohnte Erfahrung zulassen, ist sie möglicherweise unser Ticket in eine erwachte Existenz. Kämpfen wir dagegen an, können wir leicht darin untergehen. Warum ich das so sehe? Oft musste ich beobachten, dass der innere Widerstand weitreichende Konsequenzen hat. Das betrifft besonders Situationen, in denen existenzielle Dinge anstehen: ein neuer Job, eine Kündigung, eine Trennung, ein neuer Partner, ein Umzug in eine andere Stadt. Niemand kann uns eine Garantie dafür geben, dass dies automatisch etwas zum Guten verändert. Es könnte aber durchaus sein, dass damit ein notwendiger Entwicklungsschritt eingeleitet wird, falls die Ausgangssituation belastend ist und man ohnehin die Notwendigkeit einer Veränderung spürt.

Wenn der Kick-off einer durchkreuzten Erwartung von vornherein als Störung und nicht als Chance empfunden wird, verschlimmert sich die belastende Ausgangssituation. Sie wird unerträglich. Wir kämpfen immer härter, immer unerbittlicher und wir verstricken uns immer tiefer in die alten Programme. Die Feindschaft aber, die wir dem Neuen entgegenbringen, kostest uns sehr viel Energie. So leiden wir unter einem doppelten Energieverlust: indem wir das Alte verurteilen und das Neue ablehnen.

Es kommt alles darauf an, dass wir den Zug erwischen, der uns ins Erwachen trägt. Damit wir ihn nicht verpassen, können wir uns schon mal quasi auf den Weg zum Bahnhof machen. Dafür gibt es ein Tool, das ich in ähnlicher Form von Arjuna Ardagh gelernt habe. Es ist eine spannende Kreations-übung, die uns in einen inneren Dialog mit unseren Widerständen bringt. Wir provozieren dabei den inneren Widerstreit zwischen authentischer Sehnsucht und erlernter Überzeugung. Dabei locken wir die inneren Zweifel hervor – um sie schließlich aufzulösen. Dieses Tool kannst du immer anwenden, wenn du den Impuls der Veränderung in dir spürst, wenn sich etwas Ungewöhnliches in deinem Leben tut. Vielleicht wird dir ja gerade das Ticket zum Erwachen gereicht?

### DEN INNEREN DIALOG STARTEN

**Schritt 1:** Setz dich ruhig hin und atme regelmäßig.

**Schritt 2:** Horche in dich hinein, versuche zu spüren, was in deiner jetzigen Situation ein Hinweis auf eine positive Veränderung ist – zum Beispiel ein neuer Job, der dir Spaß machen würde, aber auch finanzielle Unsicherheiten mit sich bringt.

**Schritt 3:** Teile dich jetzt auf in Ich und Gegen-Ich.

**Schritt 4:** Formuliere als Ich deine Kreation der Zukunft, formuliere sie aber so, als wäre dein Wunsch schon erfüllt: »Ich habe den neuen Job angenommen. Er erfüllt mich mit Freude. Ich bin glücklich.«

**Schritt 5:** Lass jetzt das Gegen-Ich mit einer Konter-kreation aufmarschieren. Lass es alle Einwände anführen, die aus dem alten Glaubenssystem kommen und gegen das Neue sprechen: »Der Job ist viel zu schlecht bezahlt. Er bringt dir kein Prestige. Du wirst am Hungertuch nagen und bedeutungslos sein.«

**Schritt 6:** Während das Gegen-Ich spricht, beobachte deinen Körper. Bist du angespannt, verkrampft? Wie fühlt es sich an, die Zweifel auszusprechen? In welchen Formen drückt sich die Bewertung aus?

**Schritt 7:** Lass das Ich fragen: »Moment, du sendest aber seltsame Signale aus – glaubst du wirklich, was du da sagst?«

**Schritt 8:** Lass das Ich laut sprechen: »Ich habe keine materiellen Sorgen. Ich lebe sorglos. Ich lebe aus der Fülle. Der neue Job hilft mir dabei.«

**Schritt 9:** Lass das Gegen-Ich loswettern: »Nein, keiner sorgt sich um mich! Es hat noch nie jemand für mich gesorgt, ich bin mutterseelenallein auf der Welt!« Ha – hier tauchen deine unterbewussten Überzeugungen auf!

**Schritt 10:** Lass diese Einwände auf einer Skala von eins bis zehn bis auf zehn anwachsen und übertreibe dabei, so gut du kannst: »Ich hatte noch nie einen Freund, der mich unterstützte! Ich bin immer nur gescheitert! Ich bin ein Nichts!« Fühle diese sabotierenden Überzeugungen mit aller Wucht. Denn jede Überzeugung will einmal voll erlebt werden, bevor sie sich auflösen darf.

**Schritt 11:** Je größer sich das Gegen-Ich aufspielt, desto absurder werden seine Einwände. Jetzt kann das Ich sagen: »Aber das stimmt doch überhaupt nicht! Natürlich habe ich auch Freunde. Natürlich ist mir früher schon geholfen worden! Natürlich kann ich auf Unterstützung vertrauen! Und in Wahrheit ist das, was ich bin, unverletzlich und vollkommen.« Am Ende ertappst du dich dabei, wie unsinnig und klischeehaft die Einwände sind. Sie verraten alles über deine verborgenen Überzeugungen, die dich noch hemmen. So ans Licht gelockt und ad absurdum geführt, dürfen sich diese alten Glaubenssätze auflösen.

# Andere beschuldigen

*Im Verzeihen liegt die uneingeschränkte Liebe zu uns selbst.*

Es gibt kaum einen Sabotagemechanismus, der uns so perfekt hinters Licht führt wie die Angewohnheit, andere zu beschuldigen. Dabei wirkt er anfangs ziemlich schlau: Wir wälzen einfach die Verantwortung für unser Unglücklichsein auf andere ab. Darüber sprechen wir dann gern und ausführlich. Ich kenne kaum jemanden, der nicht schon stundenlang einem Freund oder einer Freundin zugehört hätte, wie sie sich über den Ehemann, den Chef, die Kinder, die Schwiegermutter oder sonst wen beschwert. »Der Chef macht mir das Leben schwer!«, wird gejammert. »Mein Mann hat Schuld, dass ich so deprimiert bin!« »Wenn die Kinder nicht immer so fordernd wären, könnte ich endlich mal wieder ein Buch lesen.«

Obwohl wir uns doch gern als selbstbestimmt darstellen, nehmen wir voller Überzeugung die Opferrolle an: »Tja, wenn ich könnte, wie ich wollte ... aber irgendjemand steht mir immer im Weg.« Natürlich möchten wir dafür wortreich bemitleidet werden. Es tut ja so gut, diese Solidarität mit dem geknechteten Opfer. Selbst die besten Freunde trauen sich allerdings nicht, zu sagen: »Also schön, dein Chef ist ein Tyrann. Aber was ist mit dir? Wie gehst du damit um? Welche Perspektive nimmst du ein? Welche Freiräume siehst du trotzdem?«

Das Beschuldigen anderer geht meist einher mit
Selbstmitleid und Resignation. Deshalb ist es ein sehr
starker Sabotagemechanismus. Wir erleben uns als klein
und hilflos, ohne selbst nach Lösungen zu suchen.

Wenn wir ehrlich sind, steckt in der Opferhaltung auch eine gute Portion
Selbstgefälligkeit, ganz im Sinne des Vergleichens und Bewertens. Denn als
Unterton schwingt bei all den Beschwerden immer mit: »Was für ein Idiot
doch der Chef ist – im Gegensatz zu mir.« »Zu dumm, dass mein Ehemann
so engstirnig ist – im Gegensatz zu mir.« »Manchmal sind die Kinder so
rücksichtslos – im Gegensatz zu mir.« Das »Opfer« ist selbstverständlich
großartig. Es könnte die Welt aus den Angeln heben, wenn, tja, wenn da eben
nicht die anderen wären, die alles hintertreiben.

Noch heftiger geht es zu, wenn wir verletzt werden, zum Beispiel durch
Mobbing im Büro, durch einen Betrug, durch einen Vertrauensbruch. Dann
steigert sich die Beschuldigung zur Aburteilung. Und umso strahlender
stehen wir da: als moralisch überlegene Opfer – die natürlich niemals verzeihen werden.

Sobald mir jemand etwas Schreckliches antut, fühle ich mich als
besserer Mensch im Vergleich mit dem Täter. Er soll sehen, wie
traurig ich bin und welch großartige Person er da verletzt hat. Was
die meisten Menschen nicht verstehen, wenn es ums Verzeihen
geht: Auf diese Weise kannst du den Teil deiner Persönlichkeit hinter
dir lassen, den du dir selbst erschaffen hast. Demian Lichtenstein

Demians Sichtweise ließ mich begreifen, dass wir uns in einer negativen
Variante kreieren, wenn wir andere beschuldigen. Wir sind nicht bei uns
selbst, weil wir uns über eine Täter-Opfer-Konstellation definieren. Das er-
folgt mit allen dazugehörigen destruktiven Gefühlen wie Angst, Wut und
Hilflosigkeit. Das Selbstwertgefühl entsteht nur aus der Beziehung zum
»Täter«, nicht aus der tatsächlichen Erkenntnis des eigenen Werts. Dieses
deformierte Ich können wir nur auflösen, wenn wir zur Vergebung bereit
sind. Denn solange wir uns weigern, jemandem zu verzeihen, bleiben wir

unsichtbar an ihn gekettet. Er beschäftigt unsere Gedanken und Gefühle. Alles ist immer gegenwärtig, der Augenblick der Verletzung wird zum Schatten, den wir nicht mehr abschütteln können.

Wenn wir es ablehnen, jemandem zu verzeihen, holen wir uns eine permanente Verletzung ins Jetzt. Wir verkennen, dass die Vergangenheit vergangen ist und dass das Jetzt eine andere Qualität hat.

Bei den Gesprächen, die ich auf meiner Reise führte, kam dieses Thema immer wieder auf. Es zeigte sich, dass die Frage von Schuld und Vergebung ein zentrales Motiv ist, wenn es um das Erwachen geht. Allmählich kristallisierte sich heraus: Das dauerhafte Beschuldigen ist eine Projektion des schuldbeladenen Ichs. Ohne die Erfahrung eigener Schuldgefühle würden wir vermutlich gar nicht so unversöhnlich mit der Person umgehen, die uns Leid zugefügt hat. Das heißt: Wir übertragen das gespeicherte Muster von Schuld und Sühne auf jemand anderen: Wir projizieren.

Wir denken, es sei ein bestimmter Mensch, dem wir verzeihen oder dem wir verzeihen sollten. Aber auf einer höheren Ebene ist Vergebung immer Selbstvergebung – sie ist der eigentliche Kern der Sache. Wenn wir verzeihen, vergeben wir uns das, was wir gedacht und nicht gedacht haben, was wir gesagt und nicht gesagt haben. Vergebung ist der Pfad zur Freiheit. Niurka

Wow, sollte uns das nicht allen bewusst werden? Dass Schuldzuweisungen etwas über uns selbst erzählen? Sie werfen ein Licht auf die Härte gegen uns selbst, auf die unversöhnliche Haltung, die wir uns selbst gegenüber aufrechterhalten. Vergebung als Selbstbefreiung, das ist ein ganz neuer Aspekt, ja, und es ist ein göttlicher Aspekt. In der religiösen Sicht ist Vergebung eine Gnade Gottes, die aus Liebe gewährt wird. Im Appell, einander zu verzeihen, liegt die Gnade, die wir uns selbst erweisen dürfen – die uneingeschränkte Liebe zu uns selbst.

Solange wir uns nicht lieben können, können wir auch niemandem verzeihen. Fangen wir also bei uns selbst an: Verzeihen wir uns. Beginnen wir, uns zu akzeptieren in Liebe und Geduld. Auf einmal wird alles ganz einfach. Beflügelt von dieser liebenden Energie, können wir die Liebe weitergeben und sogar all jene einschließen, mit denen wir »noch eine Rechnung offen haben«. Wir müssen sie nicht hassen, wir müssen sie nicht verurteilen, wir brauchen sie auch nicht zu beschuldigen. Wir können uns die Freiheit nehmen, sie zu lieben, ihren Wert anzuerkennen.

Liebe ist die stärkste Energie überhaupt. Wenn wir die Liebe in uns haben, gelingt uns alles, und wir leben in einer anderen Welt. In dieser Welt sind wir nicht mehr ängstlich und besitzergreifend, sondern wir können aufs Großzügigste unsere Energie fließen lassen. Um diese Haltung zu transformieren, hat Maika einen sehr schönen Weg beschrieben, den man ebenfalls als Tool verwenden kann:

Stell dir in deinem inneren Bewusstsein alles vor, was du liebst: deinen Freund, deinen Partner, deinen Hund. Halte dieses Bild. Nun füge in dieses Bild jede beliebige Person ein, die dich jemals verletzt hat oder auf die du wütend bist. Entscheide dich bewusst dafür, sie zu lieben. Das verändert alles: die Art, wie du denkst, wie du fühlst, wie du wahrnimmst, die Art, wie du alle Erfahrungen deines Lebens machst. Maika Suneagle

Ich liebe Maika dafür, wie friedvoll er vorgeht: Es ist, als ob er die schwarzen Schafe mit gütiger Geste in den Schoß der Familie zurückholt. Als sei es ganz selbstverständlich, dass eben auch die verletzenden Menschen zugehörig sein dürfen und unser Leben bereichern. Aber genau das ist die göttliche Wahrheit darin: Alle gehören dazu, so wie Gott alle liebt.

So wird Vergebung zum sanften Werkzeug, mit dem wir alle Formen der Liebe lernen, wie sie in der göttlichen Hinwendung zum Menschen präsent sind: Liebe dich selbst wie deinen Nächsten, liebe deine Feinde. Und ich würde hinzufügen: Liebe das Göttliche in dir und allen anderen.

Natürlich ist mir klar, dass das nicht auf Anhieb gelingt. Dies ist kein Instant-Tool, so, wie es auch keine Instant-Erleuchtung gibt. Doch wer schon unterwegs ist zum Erwachen, wer schon auf die Reise zum befreiten Bewusstsein aufgebrochen ist, kann es in seine tägliche Praxis einbauen. Auf meiner Reise – im doppelten Sinne – traf ich später Gary Renard, den Autor von *A Course of Miracles*, dem »Kurs in Wundern«. Er hat eine berührende Meditation entwickelt, die ich jedem nur ans Herz legen möchte.

### JEMANDEM VERZEIHEN«

**Schritt 1:** Atme tief durch – atme langsam ein … und aus.

**Schritt 2:** Jetzt schließe deine Augen und visualisiere die Person, die dir etwas angetan hat.

**Schritt 3:** Schau sie dir genau an und mache dir bewusst, dass diese Person sich so wie du nach Liebe sehnt.

**Schritt 4:** Nun sage zu dieser Person:

»Ich bin unsterblich, rein und unschuldig. Du bist reiner Geist und du bist erlöst von dem, was ich auf dich projiziert habe.

Ich bin unsterblich, rein und unschuldig. Du bist reiner Geist und du bist erlöst von dem, was ich auf dich projiziert habe.«

Es kann sein, dass der Frieden, den du dabei findest, nicht lange anhält. Gut möglich, dass die Gedanken und Zweifel wieder in dein Bewusstsein drängen und dass sich das ganze Karussell von Wut, Schuldgefühlen und Beschuldigungen immer schneller dreht. Dann bremse das Karussell langsam ab, bis es zum Stillstand kommt, und wiederhole das Tool, sooft du magst.

# Die Vergangenheit festhalten

*Das Jetzt ist ein Geschenk – wir müssen es nur auspacken.*

Schon als junge Frau wollte ich wissen, wie wir Menschen »ticken«, was uns antreibt, wie wir mit unseren Problemen umgehen können. Deshalb begann ich ein Studium der Psychologie. Das war sehr spannend, und ich lernte sehr viel. Doch irgendwann erfasste mich ein Unbehagen. Zuerst konnte ich es nicht genau einordnen, doch dann wusste ich, was mich störte: Das Konzept der Psychoanalyse fußt darauf, dass Analytiker und Klient unentwegt in die Vergangenheit schauen. Jedes Detail wird hervorgezerrt, und permanent wird der Klient dazu gedrängt, sich in seinen Erinnerungen zu bewegen. Irgendwann gab ich das Studium auf. Ein Grund war diese Fixiertheit auf den Erinnerungsvorgang, den ich immer absurder fand. Heute kann ich mein Unbehagen besser begründen. Es war die Erkenntnis, dass wir die Vergangenheit zur Gegenwart machen, wenn wir im Bann der Erinnerungen stehen. Ganz egal, ob es schöne oder schmerzhafte Erinnerungen sind – sie fesseln uns an den Menschen, der wir einmal waren. Und sie verhindern, dass wir die Gegenwart rein und direkt wahrnehmen, in ihrer ganzen Schönheit und ihrem Zauber.

Erinnerungen sind wie Filter, die sich über die Gegenwart legen. Sie ziehen uns energetisch in die Vergangenheit und blockieren unsere Wahrnehmung für das, was im Jetzt geschieht.

Was die Psychologie betrifft, so glaube ich heute nicht mehr daran, dass man fünf Jahre lang eine Analyse machen muss, um zu erkennen, was am Leben nicht stimmt. Man kann mit relativ einfachen Schritten herausfinden: Welche alten Überzeugungen und Programmierungen hemmen mich, und mit welchen Tools kann ich sie verändern?

Wenn ich dies erkannt habe, bin ich frei für das Jetzt. Dann bleibe ich unbehelligt von der Vergangenheit und den Gedanken, die daran festhalten. Denn die Hinwendung zur Vergangenheit gehört zu den Sabotagemechanismen, die das Jetzt zerstören.

Es gibt einen amerikanischen Indianerstamm, der nach drei einfachen Regeln lebt. Es sind ihre goldenen Regeln, und die Anhänger dieses Stamms leben sehr glücklich. Die erste Regel lautet: »Bedauere nicht die Vergangenheit.« Die Vergangenheit ist vergangen – du kannst sie nicht ändern, also zerbrich dir nicht darüber den Kopf, sie ist vorüber. Die zweite Regel lautet: »Zerbrich dir nicht den Kopf über die Zukunft.« Sie kommt sowieso, ganz egal, ob du dir darüber Sorgen machst oder nicht. Und die dritte Regel lautet: »Ehre den Moment.« Thomas Young

Was für eine wunderbare Weisheit dieses Volk in sich trägt! Als Thomas mir von diesen Regeln erzählte, dachte ich: Den Moment anerkennen, ihn ehren, das hört sich so leicht an. Und doch genau das fällt den meisten Menschen außerordentlich schwer.

Sie stehen an einem wunderschönen Strand in der Abendsonne, doch mit ihren Gedanken sind sie ganz woanders. Sie beschwören Erinnerungen herauf, vielleicht an andere Urlaube, oder sie denken an belastende Situationen, die sie einst erlebt haben. Deshalb sehen sie nicht das Spiel der Wellen und den Schimmer des Lichtes darauf. Sie spüren nicht den Sand unter ihren Füßen und den Wind, der in ihrem Haar spielt.

Während unserer Reise sah ich oft Moritz zu, wie er völlig selbstvergessen am Strand saß und alles mit dieser wunderbaren kindlichen Intensität in sich aufnahm. Nichts entging ihm, keine Muschel, kein Seevogel, der über seinem Kopf kreiste, er atmete das alles ein, so natürlich und ungefiltert – er war pure Wahrnehmung. Dieses Bild habe ich immer vor Augen, wenn mir bewusst wird, wie glücklich wir sein können, sobald wir uns einfach nur dem Moment hingeben.

Wenn wir das Jetzt nicht ehren, ergreift die Vergangenheit Besitz von der Gegenwart und frisst sie förmlich auf. Die Vergangenheit loszulassen ist eines der wichtigsten Tools, die uns zum Erwachen führen. Solange aber das Bewusstsein in das Korsett der Erinnerungen eingezwängt wird, bleiben wir im Bann der Glaubenssätze. Sie zwingen uns, für immer das alte Leben mit uns herumzuschleppen. Deshalb können wir uns nicht für das Neue öffnen, für all die großartigen Erfahrungen, die wir machen könnten. Wie selbstzerstörerisch das wirkt, hat Demian mit einem ziemlich drastischen Vergleich beschrieben:

Es ist, als führe ich auf der Autobahn meines Lebens und täte nichts anderes, als die ganze Zeit in den Rückspiegel zu starren. So baue ich garantiert einen Unfall. Und was mache ich? Steige wieder ins Auto und baue den nächsten Unfall. Trotzdem tue ich immer das Gleiche: Ich schaue in den Rückspiegel meiner Vergangenheit, die auf mich einhämmert. Das ist der sicherste Weg, die eigentliche Bestimmung des Lebens zu verfehlen. Also, wenn du für immer an deine Vergangenheit gefesselt sein willst, dann hör nicht auf, darüber zu reden. Demian Lichtenstein

Man muss nur mal in einem beliebigen Restaurant zuhören, was sich die Leute an den anderen Tischen so erzählen: Sie beachten nicht das duftende, farbenfrohe Essen, das vor ihnen auf dem Tisch steht, sie loben nicht den vollmundigen Wein, sie genießen nicht den Moment, nein, sie sprechen über ihre Vergangenheit: Was sich gestern im Büro ereignet hat, wie sie sich mal das Bein gebrochen haben, warum sie einst Streit mit jemandem hatten – es ist eine endlose Abfolge von längst zurückliegenden Dingen, die sie wieder aufleben lassen.

Denn all das wird zur Gegenwart: Was ich im Rückspiegel erblicke, wird zum Jetzt. Damit ist die Linearität der Zeit aufgehoben. Physiologisch gesehen, durchlebe ich nämlich körperlich wie seelisch genau die gleichen Zustände wie in der erinnerten Vergangenheit. Denke ich an einen Unfall zurück, werden meine Hände wieder schweißnass und mein Herz fängt an, hart gegen die Rippen zu klopfen. Denke ich an eine heftige Auseinandersetzung, fühle ich mich vollkommen niedergeschlagen und sitze mit hängendem Kopf da. Denke ich an den Tod eines Freundes, verziehe ich wieder schmerzvoll das Gesicht und mein Magen verkrampft sich. Die Vergangenheit ist dann nicht vergangen, sie bleibt lebendig, viel lebendiger als die Gegenwart.

Doch das Erinnern selbst ist schon eine Täuschung. Denn wir erinnern uns nicht an bestimmte Begebenheiten, sondern sehen sie durch den Filter unserer Interpretation. Jackie O'Keeffe sagte mir einmal: »Erinnerungen sind absolut subjektiv. Die einzige Wahrheit, der du trauen kannst, ist die Tatsache, dass du gestern am Leben warst.« Ich war verblüfft, dann verstand ich es: Die Vergangenheit ist nichts weiter als ein Konstrukt.

> Die Vergangenheit hat nicht nur Ereignisse
> im Gepäck, sondern alle alten Überzeugungen
> und Bewertungen.

Auf diese Weise wird der Rucksack der Vergangenheit, den wir auf dem Rücken tragen, immer größer und schwerer: randvoll mit Erinnerungen, Interpretationen, Selbstbeschreibungen, die mit dem Jetzt nichts zu tun haben. Über die Jahre wird der Rucksack eine solche Belastung, dass wir uns kaum noch bewegen können. Er erdrückt uns unter sich. Er nimmt uns die Sicht auf die Gegenwart. Ist es nicht Zeit, den Rucksack abzulegen? Um wieder laufen zu können, unbeschwert von den Mustern und Programmen der Vergangenheit?

Doch dann sind da wieder diese Stimmen in unserem Kopf, die auf uns einreden und die uns mit aller Kraft zurückziehen wollen in das, was längst vorüber ist. Sie erlauben uns nicht, dass wir uns dem Jetzt zuwenden. Sie wollen gehört und beachtet werden. Dabei übertönen sie den Klang der Gegenwart, und wir verirren uns im Labyrinth alter Gedanken und Erfahrungen. Also müssen wir diese Stimmen loswerden, die uns konfus machen und uns aus der Gegenwart reißen.

Diese ganze Maschinerie aus Denken, Wollen und Erinnern ist wie ein Papagei, der auf deiner Schulter sitzt. Du kannst ihn nicht abstellen, weil du durch die Natur deines Verstands so programmiert bist – du wirst sogar selbst der Papagei, der immer wieder dasselbe sagt. Doch du kannst etwas dagegen tun: Du kannst dir bewusst machen, dass es so ist. Dann bist du nicht länger der Papagei, sondern du wirst der Beobachter des Papageis. Wenn du das schaffst, dann kann die Maschinerie deines Verstands ruhig so weitermachen, doch du bist im Jetzt. Arjuna Ardagh

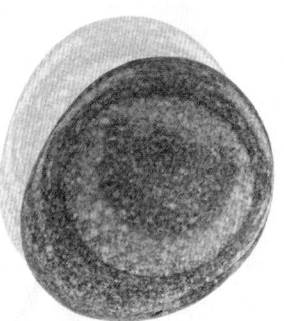

Ich fühlte mich bei diesen Sätzen spontan an einen Ausstellungsbesuch mit Moritz erinnert. Vor Kurzem gingen wir in eine Kunstsammlung, die sich auf Kinderporträts des 16. und 17. Jahrhunderts spezialisiert hat. Die Gemälde zeigten kleine, unglücklich dreinblickende Wesen, eingezwängt in einschnürende Mieder oder steife Kragen. Als Moritz nach der Bedeutung des Papageis fragte, der auf den meisten der Bilder abgebildet war, lernten wir, dass der Papagei ein Symbol für artiges Nachplappern der elterlichen Überzeugungen und Ansichten war. Ein Kind wurde nur als »gutes Kind« bewertet, wenn es ein Abbild der Eltern war.

Es ist eine ziemlich skurrile Erfahrung, wenn man zum Beobachter des Papageis wird. Dann betrachtet man aus der Distanz heraus diese ganzen Assoziationsketten, die man bildet, ohne es zu wollen. Und man kann nur den Kopf schütteln und sich wundern, wie systematisch sich Menschen unglücklich machen. Angenommen, ich sehe einen Kinderwagen. Dann könnte ich denken: »Oh, das erinnert mich an die Zeit, als Moritz noch ein Baby war. Es erinnert mich daran, wie ich damals verlassen wurde, an den Schmerz, den ich damals fühlte. Und es erinnert mich daran, dass ich für immer dazu verurteilt bin, von Menschen verlassen zu werden.« Ich sehe also den Kinderwagen und versinke in einem Meer aus Trauer und Bedauern.

Cut. Jetzt betrachte ich diese Assoziationen und sage: »Aha, so also will mich mein Verstand mit den immer selben Gedanken an die Vergangenheit binden. Aber weißt du was, du Papagei? Ich möchte viel lieber diesen Moment erleben. Rede ruhig weiter. Ich konzentriere mich jetzt auf den Kinderwagen. Ich betrachte das Kind darin und freue mich, wie es leise vor sich hin murmelt, wie wach seine Augen die Welt betrachten. Ich genieße das gute Gefühl, dieses Lächeln des Babys zu sehen, den zarten Flaum auf seinem Kopf und die Aura der Unschuld.«

> Immer wenn du die Stimmen der Vergangenheit
> hörst, beobachte sie genau und wende dich dann
> der Gegenwart zu.

Das öffnet nicht nur die Wahrnehmung, es öffnet auch das Bewusstsein. Auf einmal ist die Gegenwart voller Magie und Schönheit. Und nur aus diesem Gefühl heraus – nicht aus dem Erinnern, Bedauern oder Kopfzerbrechen über Vergangenes – können wir den Moment in seinem Zauber wahrnehmen. Auf diese Weise fangen wir an zu vertrauen. So gut, wie es jetzt ist, wird es auch im nächsten Augenblick sein. Keine schlechte Erinnerung, kein negativer Gedanke kann das mehr verhindern.

Wie wir das Jetzt erleben, entscheidet darüber, wie wir das nächste und das übernächste Jetzt wahrnehmen. Wenn wir die Entscheidungen, die wir gerade treffen, auf die Vergangenheit aufbauen, erschaffen wir die Vergangenheit noch einmal, und jeder Moment des Jetzt wird von Gefühlen bestimmt, die der Vergangenheit angehören. Maika Suneagle

Das ist der Sabotagemechanismus, den wir mit aller Bewusstheit durchschauen sollten – alte Gefühle tauchen auf und versperren die Tür zum Glück des Moments. Es sind übrigens selten gute Gefühle, denn das menschliche Gehirn neigt dazu, negative Gefühle und Erinnerungen weit intensiver abzuspeichern und mittels Assoziationen wieder abzurufen. Wer würde schon im Moment größten Glücks denken: »Aha, das erinnert mich an etwas, ich war doch schon mal so glücklich, wie schön.« Eher kommt etwas hoch wie: »Okay, jetzt bin ich vielleicht glücklich, aber die Vergangenheit hat gezeigt, dass dieses Glück nie lange hält.«

Das ist der »Monkey Mind«, dieses verstörende Stimmengewirr in unserem Kopf, das uns jeden einzigen Moment verdüstert und mit unangenehmen Dingen verbindet. Zum Beobachter zu werden, wie Arjuna es empfiehlt, ist deshalb eine sehr wirksame Bewusstseinsübung. Im nächsten Schritt können wir die Stimmen einfach ignorieren. Wir müssen sie nicht bekämpfen, wir sollten sie auf keinen Fall hassen, denn sie sind ja ein Teil von uns. Wir sollten unserem Verstand einfach nur wieder die Rolle geben, die er haben sollte: als wunderbares intelligentes Werkzeug, das uns aber niemals beherrschen darf. Damit wir jeden Moment so genießen wie Moritz am Strand – frei, losgelöst, mit offenen Sinnen und atmendem Herzen dem Jetzt hingegeben.

## DEN VERSTAND IN SEINE SCHRANKEN WEISEN

Arjuna nennt dieses Tool »Love your crazy oncle«. Was mir besonders gut daran gefällt, sind die Gelassenheit und Sanftheit dieses Tools. Arjuna sagt: Die Kunst liegt darin, den Verstand quasi als einen verrückten Verwandten zu betrachten. Stell dir vor, du hast einen leicht verdrehten Onkel in deiner Familie, den du liebst und der einfach dazugehört. Du kannst ihn also nicht loswerden – genauso wenig wie deinen Verstand.

Jetzt nimmst du diesen verrückten Onkel mit in ein Einkaufscenter. Du hörst, wie er sagt: »Oh, die Leute wollen mich töten. Und sieh doch mal, die Frau da hinten, die arbeitet bestimmt für die Polizei, die hat es auf mich abgesehen.« Die ganze Zeit plappert der Onkel drauflos und belästigt dich mit seinen Angstfantasien: »Wenn wir in den nächsten fünfzehn Minuten nicht eine Million Dollar haben, werden wir sterben!« Und wie reagierst du? Weder wütend noch aggressiv, du sagst einfach liebevoll: »Komm, Onkel, wir gehen ein Eis essen.«

Du musst nicht auf alles hören, was er sagt, du musst ihn aber dafür auch nicht ablehnen. Er ist eben ein wenig verrückt, dein Onkel, das ist es, was du dir bewusst machen solltest. Das ist der Beginn eines erwachten Lebens.

# Immer neue Wünsche haben

Der menschliche Geist ist schon ein merkwürdiges Ding. Er sollte uns die-
nen – aber viel häufiger dienen wir ihm. Er ist nämlich ziemlich fordernd.
Unablässig spricht er zu uns, und das nehmen wir als einen endlosen inneren
Monolog wahr. »Das war doch wohl nicht alles«, flüstert er uns ein. »Ich
will mehr. Schau in die Zukunft. Streng dich an. Stell dir vor, wo du in fünf
Jahren bist, in zehn, in zwanzig. Und, was siehst du?«

Etwa 400 Wörter pro Minute, schätzen Wissenschaftler, produzieren wir
auf diese Weise in unserem Kopf. Ja, der Papagei ist ganz schön aktiv. So,
wie er uns an die Vergangenheit erinnert und alte Ängste heraufbeschwört,
lenkt er unseren Blick auch auf die Zukunft. Seine Strategie ist simpel, aber
effektvoll, weil er sich unserer negativen Überzeugungen bedient: »Die Vergangenheit ist schlecht, die Gegenwart ist infiziert von der schlechten Vergangenheit, also richte deine ganze Energie auf die Zukunft!« Damit
installiert der Verstand einen weiteren Sabotagemechanismus in unserem
Kopf: die immer neuen Wünsche, die wir haben.

Zukunftsgewandtheit, das klingt ganz harmlos. Ist es denn nicht gut, dass
wir an die Zukunft denken? Ist es nicht normal, dass wir Pläne machen,
damit wir uns auf die Zukunft vorbereiten? Ja, normal ist das schon. Und
doch ist es ein Sabotagemechanismus. Das Problem besteht darin, dass wir
nicht geschehen lassen, was geschieht, sondern ähnlich wie bei der Rück-
wärtsgewandtheit all unsere Glaubenssätze untermauern, indem wir sie auf
die Zukunft projizieren.

Wir stellen uns ja im Allgemeinen nicht das Überraschende, Wunderbare vor, wenn wir an die Zukunft denken, sondern die Fortführung der Vergangenheit mit anderen Mitteln – in einer zukünftigen Kulisse. Es ist ein Planspiel mit den immer selben Überzeugungen. Oder um es noch einmal mit Gurdjieffs Worten zu sagen: Wir stellen die Möbel in unserem Gefängnis um. Das führt einmal mehr dazu, dass wir die Gegenwart nicht wertschätzen können, die einzige Wirklichkeit, die wir haben und in der wir glücklich sein könnten.

Ich bin sicher: Die östliche Weisheit fasziniert uns deshalb so sehr, weil sie uns lehrt, durch Selbstversenkung und Meditation den absoluten Frieden im Jetzt zu finden. Dann wird jeder kleine Handgriff, jede alltägliche Beschäftigung zu einer heiligen Zeremonie, um die Gegenwart und damit die Göttlichkeit des Lebens zu feiern.

Wer einmal einem Zen-Mönch zugesehen hat, wie geduldig und achtsam er einen Weg im Steingarten harkt, kann vielleicht verstehen, was ich meine. Da sind so viel Frieden und Einverstandensein in der Aura des Mönches. Er konzentriert sich ausschließlich auf das, was er tut. Er wirkt völlig versunken. So kann er sich an dem freuen, was er tut. Das Harken ist keine lästige Pflicht für ihn, bei der er ungeduldig daran denkt, wann er endlich damit fertig ist. Er denkt weder an die Zukunft noch an die Vergangenheit. Er ist im Jetzt. Es ist sogar gleichgültig, was genau er tut, weil jeder Moment gleich wichtig und gleich schön für ihn ist.

Ruediger Dahlke erzählte mir eine schöne Geschichte, in der amerikanische Touristen einen Zen-Meister besuchen. Sie fragen ihn: »Meister, was ist dein Geheimnis? Wie kannst du so sein?« Und der Meister antwortet: »Das ist ganz einfach. Wenn ich sitze, sitze ich. Wenn ich aufstehe, stehe ich auf, wenn ich gehe, gehe ich, und wenn ich esse, esse ich.« Daraufhin sagen die Touristen: »Das kann es nicht sein, das machen wir doch auch.« Aber der Zen-Meister erwidert: »Nein, nein, wenn ihr sitzt, denkt ihr ans Aufstehen, wenn ihr aufsteht, denkt ihr ans Gehen, und wenn ihr geht, denkt ihr schon ans Essen, und beim Essen denkt ihr schon an irgendwas.« Der Unterschied ist auf den ersten Blick relativ gering – und trotzdem ist er ziemlich gewaltig.

Tool
14

## SEI PRÄSENT IN DEM, WAS DU TUST

Das nächste Mal, wenn du dir die Hände wäschst, dann
nimm dir Zeit dafür. Entspanne dich, atme tief und
regelmäßig und richte deine volle Aufmerksamkeit auf
deine Hände. Fühle, wie das Wasser über deine Haut
rinnt. Fühlt es sich warm oder kalt an? Streichelt dich
das Wasser? Oder kitzelt es dich vielleicht? Kannst du
die kleinen Nebenbächlein spüren, die neben dem
Hauptstrom über deinen Handrücken fließen? Fühlen sie
sich unterschiedlich an? Wie berühren sich deine Hände,
sind sie liebevoll zueinander?
Mithilfe dieses Tools kann sogar das morgendliche
Sockenanziehen zu einem Abenteuer werden.

Wohl jeder von uns kennt den Spruch: Der Weg ist das Ziel. Früher hat er
mich gelangweilt, denn ich wollte unbedingt ein Ziel erreichen, das war un-
geheuer wichtig für mich. Ich fühlte fast so etwas wie einen männlichen
Jagdinstinkt, als müsste ich eine Beute erlegen. Ich wollte mir etwas leisten
können oder den Urlaub an einem exotischen Ort verbringen, einen bestimmten Mann erobern oder den Job meines Lebens an Land ziehen. Der
Weg dorthin war nur eine Abfolge lästiger Etappen, so sah ich es damals.
Während also meine Überzeugungen dafür sorgten, dass ich mich rück-
wärtsgewandt durch alte Muster definierte, lag meine Aufmerksamkeit immer auf der nächsten Etappe, die ich zu meistern hatte. Irgendwann, so sagte
ich mir damals, dann, wenn du alles erreicht hast, dann wirst du glücklich
sein. Was für eine Illusion!

> Indem ich mir Etappen vornehme, verwehre ich mir das Jetzt der wundervollen Reise, die das Leben ist. Denn dann verschiebe ich mein Glück auf die Zukunft.

Es könnte sogar gut sein, dass das Glück nie eintrifft. Ich bin zum Beispiel einem Paar begegnet, das sich nach langen Jahren der Entbehrung ein Haus leistete. Die beiden hatten nur für diesen Traum gelebt. Endlich war es so weit, und sie konnten ihr Haus voller Stolz in Besitz nehmen. Alle beglückwünschten sie dazu. Es schien ihnen ein großer Schritt ins Glück gelungen zu sein, denn ihr sehnlichster Wunsch hatte sich erfüllt.

Eine Weile schien es ihnen gut zu gehen. Doch dann tauchten plötzlich massive Probleme auf. Statt sich weiterhin an ihrem Haus zu freuen, fingen sie an zu streiten. Eine große Unzufriedenheit machte sich bei ihnen breit, und die Ehe stand auf Messers Schneide. Sie lösten ihr Problem, indem sie ein neues Projekt in Angriff nahmen: Nun sparten sie auf ein größeres Auto.

Jeder erfüllte Wunsch befriedigt uns nur für eine kurze Weile. Dennoch haben Wünsche eine gewisse Magie für uns. Wir laufen ihnen hinterher, weil wir unmittelbar nach dem erfüllten Wunsch Ruhe empfinden. Wir denken dann, dass es an dem erfüllten Wunsch liege. Doch das ist ein Irrtum. Die Ruhe und Befriedigung gibt uns nicht das Objekt selbst. In Wahrheit kommt die Ruhe daher, dass wir für einen Moment frei von Wünschen sind. Bis der nächste Wunsch sich meldet. Dann geht alles wieder von vorn los. Jackie O'Keeffe

Was für ein vertrackter Mechanismus! Den muss man erst einmal durchschauen … Aber in unserer konsumorientierten Welt, in der täglich Wünsche erzeugt werden, denkt natürlich kaum jemand darüber nach, warum er die typische »Post-Shopping-Frustration« hat, die Ernüchterung nach dem

Kauf. Das Gesetz des Konsums bestimmt unser Denken, und das bedeutet: mehr! Das Habenwollen ersetzt das Seinwollen. Wir beschäftigen uns nicht mit unserer Existenz, unserem Bewusstsein, sondern delegieren das Glück an Objekte.

Und das Paar, welches das Haus gekauft hatte? Ich glaube, sie hatten schlicht nicht gelernt, sich in jedem Moment zu freuen und glücklich zu sein – auch ohne das ersehnte Haus. Ihr Leben hatte nur daraus bestanden, sich dieses Haus auszumalen. Vermutlich waren sie unzufrieden gewesen, vielleicht gab es lange schon Konflikte. Das hatten sie auf die Wohnsituation geschoben und gedacht, mit dem Haus würde sich alles schlagartig ändern. Doch das war ein Trugschluss: weil sie selbst sich nicht geändert hatten.

Harry Palmer hat einmal gesagt, der Seelenfrieden komme nicht mit der Erfüllung der Wünsche, sondern nur dann, wenn wir sie loslassen. Es ist deshalb eine gefährliche Illusion, wenn wir meinen, dass erfüllte Wünsche automatisch das Glück bringen. Das Paradies ist immer hier. Wir können uns entscheiden, ob wir es leben, aber wir können es halt nur im Jetzt leben, nie in der Zukunft.

Sich auf das Jetzt zu fokussieren bringt Frieden. Die unablässigen Aktivitäten des Verstands kommen zum Erliegen. Das Festklammern an Konzepte und die Atemlosigkeit, sich immer wieder aufs nächste Projekt zu stürzen, ist dagegen sehr erschöpfend. Dann gerät man in einen Zustand, in dem man es nicht mehr schafft, den Vorgaben des Verstands zu folgen. Man wird zum Sklaven, und das ist eine Tortur. Wir haben eine Seite in uns, die sich auf den Moment fokussieren kann, und eine andere, die alles kontrollieren will. Aber wir haben immer noch unser Ich. Es braucht keine bestimmte Methode. Es muss einfach nur die Aufmerksamkeit von der imaginären Vergangenheit und der imaginären Zukunft auf das Jetzt lenken. Maika Suneagle

Es ist also ein fataler Sabotagemechanismus, das Glück in die Zukunft zu projizieren. Das Glück ist im Jetzt, oder es wird sich nie einstellen. Mir fällt dazu eine Geschichte ein. Am Tag der Premiere des Awake-Films fragte mich Moritz: »Mami, freust du dich schon darauf?«, und ich antwortete: »Ja, das tue ich.« Worauf Moritz sagte: »Weißt du, die Freude ist jetzt in mir.«

Ich habe ihn dafür umarmt. Wie klug und einfach doch ein Kind mit dem Glück umgeht. Ein Erwachsener hätte vielleicht gesagt: »Ehrlich gesagt, bin ich jetzt nur aufgeregt. Und freuen kann ich mich erst, wenn die Vorführung vorbei ist und alle applaudieren.« Er hätte das Glück vertagt und Bedingungen daran geknüpft. Das ist der Unterschied. Der große Unterschied. Er sollte uns bewusst sein, falls wir die Bereitschaft verspüren aufzuwachen – falls wir etwas ändern wollen, weil das Leben unerträglich geworden ist.

> Wenn wir unglücklich sind, müssen wir sofort etwas ändern. Wir sollten nicht auf einen passenden Moment in der Zukunft warten, denn der wird nie kommen.

So verführerisch Wünsche auch sein mögen, sosehr sie unsere Fantasie beschäftigen, im Grunde sind sie »Energiefresser«. Sie lenken uns ab vom puren Sein, vom Leuchten der absoluten Gegenwart. Doch wie können wir unseren Wünschen entkommen?

Das schönste Tool, das uns gegeben wurde, ist die Dankbarkeit. Sie zu entwickeln und zu kultivieren ist das größte Geschenk, das wir uns selbst machen können. Damit meine ich nicht jene Form der Dankbarkeit, dass jemand mir etwas Gutes getan hat und ich ihm etwas schulde. Es geht vielmehr um das Grundgefühl der Dankbarkeit: hier zu sein, auf diesem Planeten, das Jetzt zu spüren, das Glück des Moments. Wir brauchen nichts dafür, das wird uns nur eingeredet. Seien wir einfach dankbar!

> Solange wir Wünsche haben, sind wir Bettler. Wir sind dann so sehr darauf konditioniert, immer irgendetwas zu brauchen, dass wir zu bedürftigen Wesen herabsinken. Aber deine natürliche Existenz braucht nichts. Du hast den ganzen Reichtum des Seins in dir, nichts fehlt. Alles andere sind nur Vorstellungen. Mooji

Dankbarkeit ist unglaublich gesund. Wenn ich ein Gefühl der Dankbarkeit habe, entspannt sich mein Körper, und auch mein Herz entspannt sich. Es wird sogar gestärkt, weil dieses Grundgefühl unserer Natur entspricht. Das Herz ist der Haupttaktgeber unseres Kreislaufs. Im natürlichen Zustand sind wir in einem harmonischen Rhythmus. Wenn ich dankbar bin, ist das Herz im schönsten, kraftvollsten Rhythmus und bringt dadurch alle anderen Rhythmen in Harmonie: Rhythmen, die dafür verantwortlich sind, dass ich gesund bin, dass ich mich wohlfühle und dass meine Zellen sich regenerieren dürfen. Ich werde auch schöner und altere nicht so schnell, wenn ich in dem Gefühl der Dankbarkeit, der Anerkennung, der Liebe und der Freude bin.

Ein buddhistischer Mönch in Ankor Wat in Kambodscha hat mir ein großartiges Dankbarkeits-Tool gezeigt. Wir saßen auf den Stufen eines wunderschönen alten Tempels mitten im Dschungel, und er weihte mich in das Geheimnis der Dankbarkeit ein. Dies ist die für mich eine der kostbarsten Übungen, um direkt in ein Gefühl des Glücks einzutauchen, ohne noch einen einzigen Wunsch zu hegen.

**DANKBAR SEIN**

**Schritt 1:** Setze dich ruhig hin, entspanne dich und fokussiere dich auf dein Herz.

**Schritt 2:** Denke an all die Dinge in deinem Leben, für die du dankbar sein kannst, spüre, wie sich dabei dein Herz weitet und du dich weiter in Freude hinein entspannst.

**Schritt 3:** Bedanke dich nun mit folgenden Worten:

»Ich bin dankbar für den Atem, der mich durchströmt.«

»Ich bin dankbar, dass ich dieses Leben mit meinem Körper erkunden kann.«

»Ich bin dankbar für meine Beziehungen, in denen wir uns gegenseitig unterstützen.«

»Ich bin dankbar für die Schönheit der Natur.«

»Ich bin dankbar für das, was IST.«

Bedanke dich für alles, was dir jetzt gerade in den Sinn kommt, und genieße dieses weitende Gefühl, das dich alles umarmen lässt.

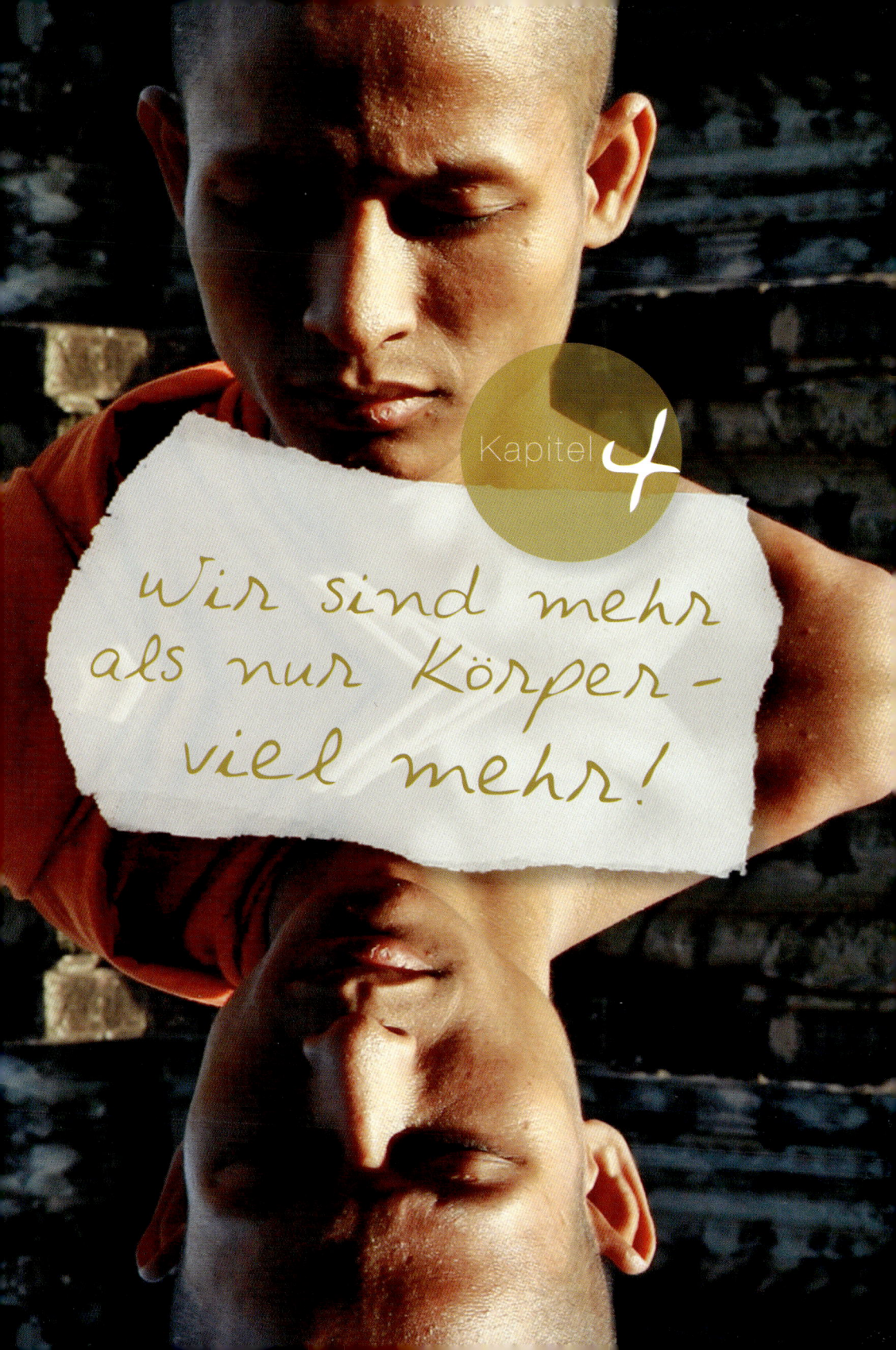

# Kapitel 4

Wir sind mehr als nur Körper – viel mehr!

# Bewusstsein und Körperbewusstsein

Uns Menschen wurde ein wunderbares Instrument gegeben, um uns und die Welt zu erfahren: unser Körper. Er ist ein wahres Wunderwerk, nicht nur eine materielle Hülle. Der Körper ist das Medium, in dem sich unser Geist und unsere Seele entfalten. Unsere Gesundheit, unser Wohlbefinden und auch unsere geistige Energie hängen daher wesentlich davon ab, wie wir mit diesem Instrument umgehen.

Dafür sollten wir wissen, dass wir es nur vordergründig gesehen mit etwas Stofflichem zu tun haben, wenn wir unseren Körper betrachten. Unsere Haut, unsere Organe, unsere Sinne, all das ist eine Manifestation von Energiefrequenzen. Auf der subatomaren Ebene lassen sie sich als Aktivitäten von Elektronen und Protonen beschreiben.

Nassim Haramein hat mir bei einem unserer Strandspaziergänge auf Kauai ein beeindruckendes Beispiel gegeben, das meine Vorstellung von der Festigkeit der Materie relativiert hat: Er sagte: »Wir haben lange mit einem Modell gelebt, in dem wir die Atome oder subatomaren Partikel wie kleine herumfliegende Billardkugeln betrachtet haben. Wenn wir ein Atom aber genauer betrachten, dann besteht es zu 99,9999999 Prozent aus leerem Raum mit kleinen Oszillationen, die wir Materie nennen. Wenn wir nun das kleinste und festeste Molekül betrachten – das eines Diamanten zum Beispiel, und eines der Atome auf die Größe einer Orange vergrößern würden, dann wäre das nächste Atom im selben Molekül zwei Fußballfelder entfernt. In Wahrheit gibt es nichts, was sich berührt, es passieren nur Interaktionen der Energiefelder.«

In uns findet ein permanenter Energieaustausch statt, der gleichermaßen Körper, Geist und Seele betrifft. Unser gesamtes Zellsystem beruht auf Austausch von Informationen. Sie zirkulieren im Organismus, beeinflussen unseren Geist und unser gesamtes Umfeld. Umgekehrt nimmt der Körper Informationen von außen auf und verarbeitet sie.

Alle Materie besteht aus schwingender Energie –
auch unser Körper.

Alles ist mit allem verbunden, dieses universale Gesetz gilt gleichermaßen für unseren Organismus. Gehen wir achtsam und wertschätzend mit unserem Körper und unserer Seele um, so wachsen uns ungeheure Energien zu. Mit ihrer Hilfe können wir unsere spirituelle Transformation vorbereiten und zu einem umfassenden Erwachen gelangen. Vernachlässigen wir aber unseren Körper und lassen wir negative Gedanken zu, können wir ernsthaft erkranken.

Dies ist uraltes spirituelles Wissen. Doch seltsam genug: Erst allmählich setzt sich auch in unserem westlichen Kulturkreis die Erkenntnis durch, dass Geist und Körper eine Einheit bilden. Mit Beginn des wissenschaftlichen Zeitalters in der Renaissance wurde der Körper mehr und mehr isoliert betrachtet. Man sezierte ihn, entdeckte seine Funktionen und analysierte ihn wie eine Maschine, deren Bauplan man ergründen wollte. Was dabei verloren ging, ist das Bewusstsein, dass alle ineinandergreifenden körperlichen Prozesse unmittelbar mit dem geistigen und seelischen Geschehen verschränkt sind.

Wir kennen den Placeboeffekt. Gib jemandem eine Tablette, die aus reinem Zucker besteht, und lass ihn glauben, dass es ein Medikament ist – dann wird er gesund. Weniger bekannt ist der Noceboeffekt. Ein negativer Gedanke wirkt genauso stark auf den Körper wie ein vermeintliches Medikament, aber in entgegengesetzter Richtung: Ein negativer Gedanke kann dich töten. Ein positiver Gedanke jedoch kann dich heilen. Bruce Lipton

Das mechanistische Denken konstruiert einen Gegensatz von Geist und Materie. In dieser Vorstellung schwebt der Geist gewissermaßen in den Wolken, während der Körper erdenschwer am Materiellen haftet. Dabei wird verkannt, dass solch eine Trennung nur eine Überzeugung ist, denn alles ist Energie. Auch die Gedanken, die wir denken. Sie sind es, die wesentlich unseren Körper beeinflussen.

Geist und Körper sind eins, durchströmt von derselben Energie. Letztlich wissen wir das. Wenn wir uns freuen, scheint jede Zelle in uns zu tanzen. Sind wir traurig, fühlen wir uns im wahrsten Sinne des Wortes niedergeschlagen und können uns kaum noch bewegen. Wer tanzt schon ausgelassen, wenn er deprimiert ist? Intuitiv ahnen wir also, wie die wahren Zusammenhänge aussehen. Warum also nutzen wir nicht die Wechselwirkungen von Geist und Körper? Wir hätten damit ein wirkmächtiges Tool, das uns gesund und glücklich erhält. Das erkennt man schon, wenn man den sogenannten Placeboeffekt betrachtet.

> Wenn wir uns klarmachen, dass wir im vorbewussten Zustand voller negativer Gedanken sind, wundert uns nicht mehr, warum so unendlich viele Menschen unter Krankheiten leiden.

All die belastenden Glaubenssätze und die dazugehörigen Emotionen wie Angst und Schuldgefühle sind schädigende Energien, die unmittelbar auf den Körper einwirken. Sie schwächen den lebenswichtigen Austausch energetischer Informationen und verhindern so den natürlichen Selbstheilungsmechanismus.

Noch ist das viel zu wenigen Menschen bekannt. Würde man ihnen einen Cocktail anbieten, in den Rattengift gemixt ist, so würden sie ihn entsetzt ablehnen. Gleichzeitig aber lassen sie zu, dass ihre negativen Gedanken und ihre schlechten Gefühle Zelle um Zelle ihres Körpers vergiften. Er kann sich nicht mehr regenerieren, und irgendwann wird er krank. Mit Unterstützung der Schulmedizin nimmt der Betroffene daraufhin den Kampf gegen seinen kranken Körper auf. Ihm ist nicht bewusst, dass seine Beschwerden eine ganz andere Ursache haben: unaufgelöste Glaubenssätze und belastende Gefühle.

Der Körper ist die Bühne für jene Stücke, die im Bewusstsein nicht mehr gegeben werden. Aus irgendwelchen Gründen hat man im Laufe seiner Entwicklung gemerkt, dass es bestimmte Probleme gibt, dass es aber unangenehm ist, sich damit zu beschäftigen. Dann wird das verdrängt, und es entsteht ein Schatten. Doch irgendwann verkörpert sich der Schatten und manifestiert sich als Krankheit. Dann habe ich die Chance, den Schatten zu realisieren, ihn zu verstehen und wieder ins Bewusstsein zu heben. Ruediger Dahlke

Das Bewusstsein für unseren Körper ist der Beginn allen Erwachens. Dieses Bewusstsein entwickeln wir, sobald wir alle Zeichen und Signale des Körpers zu deuten beginnen. Dann spricht er zu mir wie ein offenes Buch, und ich kann mich fragen: Was will mir der »Body talk« mitteilen? Wo hakt es? Was ist der Grund dafür, dass ich allergisch reagiere, Rückenschmerzen habe oder eine chronische Magenschleimhautentzündung? Worauf bin ich auf einer höheren Ebene allergisch? Mit welchen seelischen Problemen belaste ich meinen Rücken? Welche Erlebnisse schlagen mir dauerhaft auf den Magen?

Unsere Sprache ist so wunderbar hellsichtig. Wenn jemand krank ist, dann beugen wir uns über ihn und sagen: »Was fehlt dir denn?« Genau das ist die alles entscheidende Frage. Viele Krankheiten und andere körperliche Störungen entstehen nämlich aus einem seelischen Mangel heraus. Uns fehlt etwas – und dann fehlt auch dem Körper etwas.

Im Laufe unseres Lebens machen wir alle mehr oder weniger viele Mangelerfahrungen. Wir leiden unter einem Mangel an Liebe, Aufmerksamkeit oder Anerkennung.

Diese Erfahrungen sitzen tief. Sie formen Programme, mit denen wir unbewusst versuchen, das erfahrene Defizit auszugleichen. Ein Mangel an Aufmerksamkeit kann zum Beispiel schon allein durch die Tatsache kompensiert werden, dass man überhaupt krank wird. Als Kind hat man vielleicht unter zu wenig Beachtung gelitten. Aber man hat auch festgestellt, dass sich einem alle zuwandten, sobald man krank im Bett lag. Also fängt man als Erwachsener – unbewusst natürlich – an zu kränkeln. Der Körper erledigt sozusagen die Arbeit anstelle des Bewusstseins und signalisiert den Mangel nach außen. Bis sich jemand teilnahmsvoll über das Bett beugt und fragt: »Was fehlt dir denn?« Bingo, da ist sie, die vermisste Aufmerksamkeit. Auch andere Körperstörungen kann man auf Mangelerfahrungen zurückführen. Ruediger Dahlke gehört zu jenen, die solche Schemata seit Jahren untersuchen und beschreiben. Sein Kultbuch *Krankheit als Weg* hatte ich schon vor vielen Jahren gelesen. Er gab mir ein sehr einleuchtendes Beispiel, wie Defizite sich beim Erwachsenen zeigen:

Es kann vorkommen, dass jemand in einer Familie mit vielen Geschwistern aufgewachsen ist und als Kind immer das Gefühl hatte: Ich bekomme nicht genug. Später, als Erwachsener, wird er dieses Gefühl weiterhin haben, selbst wenn er inzwischen schwerreich geworden ist. Das kann sich zum Beispiel auf sein Essverhalten auswirken. Dann geht er plötzlich in die Fülle. Über diese Fülle kann man dann ans eigentliche Thema wieder herankommen: die Erfüllung, die natürlich etwas Geistig-Seelisches ist. Ruediger Dahlke

Diese Zusammenhänge sind so unübersehbar, wenn man sie erst einmal erkannt hat! Mit wurde zum Beispiel klar, warum ich so viele Jahre lang Rückenschmerzen hatte. Sie waren Ausdruck meiner Schatten, meiner negativen Überzeugungen. Mein Rücken signalisierte mir: »Ich breche zusammen unter den Belastungen, die du dir aufbürdest. Ich kann nicht mehr.« Doch bevor ich verstand, dass die Rückenschmerzen mit meinen unerlösten Programmen zu tun hatten, ließ ich mich zunächst auf rein mechanistische Erklärungen ein.

So begann meine Odyssee zu Orthopäden und Chiropraktikern. Ich probierte alle möglichen Therapien aus – und es gibt wirklich immens viele! Rückenschmerzen gehören inzwischen zu den häufigsten »Zivilisationskrankheiten« und sind sogar der häufigste Grund für Frühverrentungen. Entsprechend viele Heilungsmethoden gibt es auch. Ich wurde geröntgt und massiert, ich absolvierte Gymnastik, bekam Packungen, Wickel und Bestrahlungen mit Infrarotlampen, unterzog mich schließlich sogar einer Bandscheibenoperation. So dokterte ich an meinem Körper herum, statt mich um meine Seele zu kümmern.

Krankheiten sind Botschaften der Seele. Deshalb sollten wir unsere Aufmerksamkeit nicht auf die Krankheit richten, sondern die seelischen Ursachen ergründen. Aber erzähl das mal einem Chiropraktiker. Obwohl man mittlerweile sehr weit ist in der psychosomatischen Forschung, ist sie in der alltäglichen medizinischen Praxis kaum präsent. Vielleicht auch deshalb, weil die Patienten es gar nicht wollen. Es ist eben viel einfacher, eine Krankheit an einen Arzt zu delegieren. Damit delegieren wir aber auch die Verantwortung für die Krankheit an den Arzt: »Hallo, Doc, kümmere dich um das Problem. Ich will nichts damit zu tun haben!«

Heute erscheint mir das völlig verrückt. Unser Körper ist kein Auto, das wir in die Reparatur geben, wenn die Bremsen nicht funktionieren oder die Scheinwerfer defekt sind. Und doch betrachten viele ihren Körper als etwas Abgetrenntes. Sobald er krank wird, fühlen sie nicht mit dem Körper, sondern betrachten ihn als »Fremd-Körper«, um den sich auch ein Fremder kümmern sollte. So verfestigt sich der Glaubenssatz, ein Arzt müsse her, um alles wieder zu richten.

Seit Millionen Jahren wissen die Menschen, dass sie sich auf natürliche Weise selbst heilen können. Doch heute haben wir gelernt, dass Krankheit eine Aufforderung ist, zum Arzt zu gehen. Wenn Mom krank ist, geht sie zum Arzt, das lernen schon kleine Kinder. So wird dieses Verhalten zu einem Programm: Wenn ich krank bin, heile ich mich nicht selbst, sondern überlasse das einem Arzt. Die witzige Wahrheit ist: Die Überzeugung ist so stark, dass viele Leute sich schon besser fühlen, wenn sie im Wartezimmer sitzen. Schließlich haben sie die oberste Regel befolgt: Geh zum Arzt! Bruce Lipton

In der Tat ist der Arztbesuch fast wie ein Automatismus, ein Glaubenssatz eben. Ohne lange nachzudenken, begeben wir uns in die Hände eines Mediziners. Der sieht aber immer nur den Teilaspekt der Krankheit, nicht den ganzen Menschen. Und leider hält der Placeboeffekt nicht so lange an, dass wir uns dauerhaft besser fühlen, weil wir zum Arzt gegangen sind. Die Regel ist, dass wir langwierige Krankengeschichten generieren, mit endlosen Abfolgen von Therapien, oft bis zur Medikamentenabhängigkeit. Wir erleben den Noceboeffekt.

Als ich meinem Freund Robert die Interviewpassage von Bruce Lipton vorspielte, wurde er plötzlich sehr nachdenklich und betroffen. Er sagte: »Wenn ich den Glaubenssatz habe, dass mein Arzt allwissend ist, und dieser Arzt kommt nun zu mir und sagt: ›Es tut mir leid, Sie haben nur noch acht Monate zu leben‹, dann wird also ein Programm in mir aktiviert, das diese Aussage für die Wahrheit hält, und ich werde in acht Monaten sterben. Aber nicht weil ich so krank war, sondern weil dies der Glaubenssatz war, mit dem ich mich identifiziert habe.«

Robert hatte seine Mutter verloren, als er 25 Jahre alt war. Schon damals hatte er gespürt, wie wichtig es gewesen wäre, wenn sich der behandelnde Arzt motivierend um seine Mutter gekümmert hätte. Eines Tages verkündete diese dann die Unheilsbotschaft, Roberts Mutter werde innerhalb der folgenden vier bis sechs Wochen sterben. Nach fünf Wochen war sie tot.

> Meist werden wir erst dann aufmerksam auf unseren Körper, wenn er sich mit Schmerz und Krankheit meldet. So weit sollten wir es nicht kommen lassen. Wir sollten ihn auch dann beachten, wenn er gesund ist. Ihn fühlen in seiner ganzen Großartigkeit und Schönheit.

Es ist ein wichtiger Schritt zum Körperbewusstsein, wenn wir uns spüren lernen. Wenn wir lernen zu verstehen, was unser Körper ist und wie innig er mit unserem Geist und unserer Seele verbunden ist. Ein guter Anfang ist die eigene Haltung: Stehe ich gerade? Gehe ich aufrecht? Wie fühlt es sich an, zusammengekauert auf dem Sofa zu sitzen? Welche Gedanken habe ich dabei, welche Gefühle? Bewusstsein und Körperbewusstsein sind nicht voneinander zu trennen.

Deshalb kann das folgende Tool helfen, beides wieder miteinander in Beziehung zu setzen. Und nebenbei gesagt macht es richtig Spaß! Es ist eine Übung, die ich während meiner Zeit an der Schauspielschule lernte, bei dem großen Pantomimen Samy Molcho. Sie dient der Einfühlung in Körperhaltungen. Dabei wird uns bewusst, wie intensiv alles zusammenhängt: Haltung, Gestik, Mimik, Emotionen und Gedanken.

## PANTOMIMEÜBUNG

**Schritt 1:** Ziehe deine Schultern hoch, ziehe den Kopf ein, gehe x-beinig vorgebeugt und sage dabei: »Ich genieße mein Leben, es ist wunderschön.« Das heißt: Versuche es. Du wirst nämlich merken, dass du diese Worte kaum über die Lippen bringst, wenn dein Körper eine verkrampfte Haltung einnimmt.

**Schritt 2:** Nun gehe auf die Straße und schaue dir die Leute an. Studiere genau ihre Körpersprache und ahme sie nach. Stöckle so hektisch voran wie die Frau auf der anderen Straßenseite. Ziehe die Füße so schleppend nach, wie der alte Herr mit seinen Einkaufstüten. Hüpfe drauflos wie das Kind, das dir entgegenkommt.

**Schritt 3:** Beobachte dabei, was diese Haltungen und Bewegungen mit dir machen. Beobachte deine Gefühle und Gedanken.

Wenn du die Frau nachahmst, denkst du vielleicht: »Ich muss mich beeilen. Ich bin spät dran. Ich hab Angst, dass ich nicht rechtzeitig da bin.« Bei dem älteren Herrn denkst du vielleicht: »Ich bin so müde. Jeder Schritt fällt mir schwer. Ich habe keinen Lebensmut mehr. Ich warte auf den Tod.« Und bei dem Kind denkst du vielleicht: »Das ist so lustig! Ich freu mich so! Ich könnte über alle Häuser springen!«

**Schritt 4:** Nun beobachte dich wieder selbst. Teste verschiedene Gedanken und Gefühle und spüre, wie sich dein Körper verändert.

**Schritt 5:** Wähle dir ein positives Mantra, zum Beispiel: »Ich werde geliebt.« Sage es langsam mehrmals vor dich hin und gehe dabei weiter. Du wirst staunen, wie dein Körper reagiert.

# Krankheit und Heilung

Bewusstsein und Körperbewusstsein hängen unmittelbar zusammen. Ich kann meinen Körper in einem Zustand wunderbarster Kraft und Gesundheit halten, wenn ich ihn mit positiver Energie versorge. Lebe ich in dem Bewusstsein, dass ich liebe und geliebt werde, dann ist auch der Körper durchflutet mit liebenden Energien. Dann ist er stark und vital, und alle Körperfunktionen werden mit der wärmenden Liebe befeuert.

Viele Menschen aber machen eine ganz andere Erfahrung. Ihr Bewusstsein schläft, und sie lassen negative Gefühle und Gedanken zu, die wie ein toxischer Cocktail wirken. Solange sie nicht an ihren belastenden Glaubenssystemen und deprimierenden Gefühlen arbeiten, schädigen sie damit ihren Körper. Alles Verdrängte, Unaufgelöste wird dann sichtbar: als Krankheit. Erwacht das Bewusstsein jedoch, dann bedeutet das Heilung.

In meiner Arbeit als Heiler habe ich beobachtet, dass seit Jahren gelähmte Menschen plötzlich ihren Körper wieder spürten. Ihre Nerven regenerierten sich, und sie begannen wieder zu gehen. Viele haben diese Erfahrung gemacht, ganz spontan. Wenn wir die limitierenden Überzeugungen unseres Unterbewusstseins loslassen, kann die erschaffende Kraft das Ruder übernehmen. Und wenn wir uns mit dem kosmischen Bewusstsein verbinden, betreten wir eine multidimensionale Wirklichkeit, in der alle Dinge gleichzeitig möglich sind. Mit der Kraft unseres erwachten Bewusstseins können wir dann die Wirklichkeit wählen, die wir erschaffen möchten. Kiara Windrider

Alle Naturvölker haben in ihrer Mitte weise Männer und Frauen, die über ungewöhnliche Heilkräfte verfügen: die Schamanen. Sie sind wichtige Personen innerhalb der Lebensgemeinschaft, weil sie Zugang zu höheren Energien haben. In rituellen Zeremonien widmen sie sich den Kranken und vollbringen oft wahre Wunder, auch Spontanheilung genannt. Im Grunde sind es aber nicht irgendwelche unbekannten mystischen, für uns unerreichbaren Energien, die sie zu Hilfe nehmen. Es sind einfach jene, die uns als universales Energiefeld umgeben und aus denen wir selbst bestehen. Wir sind eingebettet in erschaffende und heilende Frequenzen, die letztlich jedem zugänglich sind.

Was die Schamanen jedoch von anderen Menschen unterscheidet, ist ihr Bewusstsein. Ihnen ist bewusst, dass die heilenden Energien existieren, und deshalb können sie diese auch für den Heilungsprozess nutzen. Allein das Bewusstsein ist der Schlüssel, die Fähigkeit, durchlässig zu sein und jederzeit Energien mobilisieren zu können. Jeder ist dazu in der Lage. Das können wir zum Beispiel beobachten, wenn wir etwas tun, das uns große Freude bereitet. Für den einen ist das Klavierspielen, für den anderen eine Meditation oder das Toben mit seinen Kindern. Wir können dann aktiv sein, ohne wirklich zu ermüden. Gerade weil wir etwas tun, in aller Glückseligkeit, wachsen uns neue Energien zu.

> Wir können unser Energiepotenzial ständig
> erweitern, wenn wir in Freude leben. Dann
> aktivieren wir auch heilende Frequenzen.

Freude und Liebe sind die stärksten heilenden Frequenzen. Immer wenn ich an die Geschichten denke, in denen Jesus Blinde oder Lahme heilte, denke ich daran: Ja, er legte ihnen die Hand auf und ließ seine Liebe fließen. Es ist eine Geste, die auch jede Mutter unwillkürlich macht, wenn ihr Kind Schmerzen hat. Für mich ist es eine ganz alltägliche, spontane Reaktion: Wenn Moritz Bauchweh hat, lege ich meine Hand auf seinen schmerzenden Bauch, streiche sanft darüber und spreche ein paar beruhigende Worte, so wie alle Mütter dieser Welt.

Vermutlich sind Mütter intuitiver. Sie wollen sofort helfen und nicht jedes Mal auf den Arzt warten, wenn es ihrem Kind nicht gut geht. Ohne groß darüber nachzudenken, besinnen sie sich auf ihre heilenden Fähigkeiten. Und es wirkt ja tatsächlich: Das Bauchweh verschwindet, der kleine Patient entspannt sich, und alles ist wieder gut. Das Geheimnis besteht darin, dass ich mit dem Körper arbeite, nicht gegen ihn. Bekämpfe ich jedoch die Krankheit, dann bekämpfe ich auch den Körper.

Die Leute sprechen zum Beispiel über Krebs mit Begriffen, die an den Krieg erinnern: Wir attackieren ihn, wie zerstören ihn – die Sprache, die wir verwenden, ist tödlich. Wir könnten aber auch in Begriffen des Spiels denken, die jede Aggression auflösen. Wir spielen mit dem Körper, und er spielt mit. Das ist eine völlig andere geistige, seelische und physiologische Reaktion und ein Modell, wie wir generell unsere Beziehungen gestalten können, zwischen uns und anderen, aber auch in der Beziehung zu uns selbst. Fred Donaldson

Die Alternative »Aggression oder Spiel« fand ich absolut verblüffend. Unser Umgang mit Krankheiten ist also symptomatisch dafür, wie wir überhaupt unsere Beziehungen gestalten. Ablehnung ist ein Muster, ein erlerntes Muster, und es heißt Feindschaft. Oder wie Ruediger Dahlke sagt: »Wir können unsere Probleme nach außen projizieren, dann werden es äußere Feinde. Oder wir projizieren sie nach innen, dann werden es Krankheitsbilder, innere Feinde.«
Wie folgerichtig wirkt da der massive Einsatz – auch eine militärische Metapher! – schwerer Medikamente. Besonders Schmerzmittel sind der Renner in den Apotheken. Es ist ja auch so einfach. Sobald wir Schmerz empfinden, unterdrücken wir ihn. Wir schalten ihn ab wie einen Fernseher, wenn uns das Programm nicht gefällt. Wir wollen den Schmerz nicht, wir lehnen ihn ab. Dabei vergessen wir, dass auch der Schmerz zu uns gehört. Er kommt nicht von außen. Wir müssen differenzieren zwischen dem Schmerz, der uns trifft, wenn wir einen Fußball ins Gesicht bekommen oder wenn eine Biene uns sticht, und jenem Schmerz, den wir selbst »produzieren«. Er ist in uns. Wir sind der Schmerz. Das müssen wir anerkennen, aber das ist auch eine Frage des Sich-selbst-Anerkennens.

Wenn wir Krankheit und Schmerz ablehnen, lehnen
wir im Grunde uns selbst ab. Dann können wir uns
auch nicht selbst heilen.

Dass es bei regelmäßiger Tabletteneinnahme zu Nebenwirkungen kommt,
wird im Allgemeinen desinteressiert hingenommen, ein weiteres Zeichen
dafür, dass wir den Körper nicht lieben, sondern letztlich sagen: »Funk-
tioniere gefälligst wieder so, wie ich es möchte!« Gesunde Selbstliebe –
nicht zu verwechseln mit Narzissmus – ist daher ein gutes Tool, um den Körper in Liebe anzunehmen.

Ein sehr schönes Tool ist zum Beispiel, wenn man am Abend einige Kerzen
entzündet und den Körper mit einem duftenden Öl massiert. Wenn man
seinen Körper nicht mag, tut man das nur, damit die Haut nicht spannt, also
aus einer rein funktionalen Überlegung heraus. Es kommt aber vielmehr darauf an, sich selbst zu verwöhnen und eine liebevolle Beziehung zum eigenen
Körper aufzubauen. Dass man ihn wie ein exotisches Tier mit diesem Öl
streichelt, um ihm zu zeigen: »Ich mag dich. Du gehörst zu mir. Ich kämpfe
nicht mit dir, sondern ich respektiere dich!«

Aus dieser Haltung heraus gehen wir dann auch anders mit Schmerz um.
Sonst betrachten wir den Schmerz wie auch Krankheiten als einen Angreifer,
der schachmatt gesetzt werden muss, weil er uns stört. Aber genau das ist
seine Aufgabe!

Krankheit ist ein Weckruf, der uns daran erinnern soll,
dass wir mehr sind als der physische Körper. Jedes
Symptom beinhaltet eine Frage, die wir uns stellen sollten:
Wem kann ich verzeihen? Was sollte ich loslassen? Was
sollte ich noch umfassender in die Liebe einschließen, aus
der ich bestehe? Jedes Krankheit ist die Chance, uns selbst
voller Liebe und Mitgefühl zu betrachten. Sie fordert uns
auf, die Schuld loszulassen und die Erinnerungen, die uns
an die Vergangenheit fesseln. Deshalb sollten wir uns nicht
so sehr auf die Heilung der Krankheit konzentrieren,
sondern auf die Heilung unseres Geistes, unserer
Gefühle, unserer Seele. Gloria C. Ramirez

Heilung ist also immer allumfassend. Es gibt keine dauerhafte Heilung des Körpers, wenn wir uns nicht eingehend mit unserer Seele auseinandersetzen. Sie wartet ungeduldig darauf, dass wir die Botschaft des Körpers verstehen. Unterdrücken wir die eine Krankheit mit dem üblichen Bombardement durch Medikamente, wird sich bald die nächste Krankheit einstellen. Was ungelöst ist, wird sich immer wieder neue Wege suchen.

Eric Pearl erzählte mir, dass er als Heiler solche Erfahrungen macht. Die Leute kommen zu ihm, weil sie Schmerzen haben oder unter eine schwere Krankheit leiden. Sie sind überrascht, wenn er dann nicht mit ihrem Körper arbeitet, sondern mit ihrem Bewusstsein. Warum er sich nicht um ihr Leiden kümmert, wollen sie wissen.

Doch dann geht mit ihnen eine Verwandlung vor. Sie konzentrieren sich nämlich gar nicht mehr auf die Krankheit, sondern auf ihre Potenziale. Eric versteht es, das Beste in ihnen zu erwecken, die besten Gefühle, die wunderbarsten Fähigkeiten. Er geht also völlig anders an die Sache heran als ein Arzt, der sich ausschließlich um die Krankheit kümmert, nicht um den ganzen Menschen.

*Bei der Heilung geht es um Evolution. Ich mag den Begriff des Heilens nicht mal besonders, weil er mit so vielen konventionellen Vorstellungen verbunden ist – dass man einen verletzten Arm wieder bewegen kann, dass man eine chronische Erkrankung loswird. Worum es wirklich geht: dass die Menschen ihr bestes Potenzial zum Vorschein bringen, sei es im Beruf oder in der Familie. Dann gesunden sie ganzheitlich.* Eric Pearl

Aus der ganzen Welt kommen Menschen zu Eric, und zunächst erwarten sie nur eine Linderung ihrer körperlichen Beschwerden. Sie werden mit weit mehr beschenkt: mit einem höheren Level des Bewusstseins. Dann verstehen sie, dass die energetische Heilung auf keiner speziellen Methode oder bestimmten Bewusstseinsübungen beruht, sondern ganzheitlich abläuft.

Eric vergleicht seine spirituellen Übungen mit Stützrädern am Fahrrad. Viele Kinder lernen ja Fahrrad fahren, indem man ihnen kleine Stützräder neben die Hinterräder montiert, damit sie das Gleichgewicht halten können. Sie fahren ohne Angst los und freuen sich an der Bewegung. Dann schraubt man die Stützräder unbemerkt ab, und die Kinder fallen dennoch nicht um – so haben sie unbemerkt Fahrrad fahren gelernt. Ganz ähnlich, so Eric, vertrauen die Leute, die zu ihm kommen, auf Übungen und Methoden. Doch eines Tages stellen sie fest, dass sie diese Methoden gar nicht mehr brauchen: Sie sind nun auf einem höheren Bewusstseinslevel angekommen, und es ist im Grunde gleichgültig, welche Methoden sie dorthin geführt haben.

Die heilende Evolution in uns beginnt, wenn wir sie zulassen. Wir können diesen Prozess durch bestimmte Bewusstseinsübungen unterstützen, doch diese sind weder der Inhalt noch das Ziel – am Ende steht das erwachte, volle Bewusstsein, das alle schlafenden Potenziale erweckt.

Als ich dieses komplexe Energiesystem verstanden hatte, wurde mir auch die tiefere Ursache meiner Rückenschmerzen bewusst. Es war ein Glaubenssatz meines Unterbewusstseins, den ich nie wahrgenommen hatte: »Ich muss alles allein tragen.« Es waren meine Verlassenheitsgefühle, die mich bedrückt hatten. Das war der Turning point. Mein erwachtes Bewusstsein entließ den Glaubenssatz. Jetzt wusste ich: »Ich bin nicht allein. Ich bekomme jede Unterstützung, von Freunden und vom Universum.« Meine Rückenschmerzen verschwanden.

Im Prozess des erwachenden Bewusstseins tauchen alle alten Schatten noch einmal auf. Doch wenn das Licht darauf fällt, lösen sie sich auf. Je höherfrequent und je stärker das Licht wird, desto natürlicher gerät alles in Fluss. Deshalb müssen wir uns vor diesem Prozess nicht fürchten. Aber wir müssen bereit sein, den Schritt in das Unbekannte zu gehen, dann können wir die Ängste loslassen, die dabei entstehen. Kiara Windrider

Ich lernte, meine Schatten zu umarmen. Sie genau anzuschauen, statt vor ihnen wegzulaufen. Seither hat sich mein Körper sehr verändert. Ich respektiere seine Bedürfnisse und stärke ihn mit meinen liebevollen Gedanken. Ein liebevoller, wertschätzender Umgang mit sich selbst hat einen direkten Einfluss auf Wohlbefinden und Aussehen. Heute hält man mich meist für viele

Jahre jünger, als ich tatsächlich bin. Gern sage ich, warum das so ist: Sind Körper und Seele hochfrequent, wird das Altern verlangsamt. Diesen Prozess kann man durch ein Tool unterstützen, indem man die Regeneration aller Zellen visualisiert.

### DIE LICHTDUSCHE

Wir können uns mit einer Lichtdusche reinigen und aktivieren. Die Lichtdusche ist ein Tool, das uns immer dann mit Energie versorgt, wenn wir müde oder erschöpft sind. Das Gute daran ist, dass man es überall und jederzeit anwenden kann.

Für dieses Tool ist es wichtig, einen Zustand tiefster Entspannung einzunehmen. Nun stelle dir vor, dass alle deine Zellen wie in einer warmen, heilenden Dusche von regenerierendem Licht durchflutet werden. Ein warmer, heller Strom durchpulst dich. Du spürst, wie die Zellen sich verjüngen und erneuern. Alles in dir vibriert – du hast dich mit einer kosmischen Lichtdusche gestärkt.

Die Lichtdusche hilft auch bei körperlichen Beschwerden. Ich wende sie zum Beispiel an, wenn mein Sohn Moritz Wachstumsschmerzen hat. Dann visualisieren wir einen Strom strahlenden Lichtes, der durch seinen Körper fließt. Die Farben des Lichtes variieren, je nachdem, was wir intuitiv fühlen. Dann stellen wir uns vor, dass dieses Licht alles aus Moritz' Körper herausspült, was ihn belastet. Anschließend visualisieren wir, wie diese negativen Energien von der Erde liebevoll aufgenommen und transformiert werden. Während die Lichtdusche fließt, singen wir für die Engel, die uns dabei unterstützen, um uns bei ihnen zu bedanken. Dann sind die Schmerzen rasch verschwunden.

# Ernährung und Energie

*Gesund essen ist ein Akt der positiven Schöpfung.*

»Der Mensch ist, was er isst« – dieser Spruch wirkt wie ein Allgemeinplatz. Richtig verstanden habe ich ihn erst, als ich den Schritt vom Bewusstsein zum Körperbewusstsein machte und schließlich mein kosmisches Bewusstsein entwickelte. Dabei ging mir zum ersten Mal auf, was ich eigentlich esse. Sicher, viele Menschen ernähren sich »bewusst«. Doch darunter versteht jeder etwas anderes: Kalorienzählen, vitaminreiche Nahrung, Vegetarismus, Ananasdiät. Auch ich habe als junge Frau so einiges durchgetestet, was ich in Frauenzeitschriften mit ihren herrlichen Diätversprechen gelesen hatte. An einem Tag habe ich mich nur von Bananen ernährt, am anderen nur von Würstchen, und ich glaube, ich habe sogar mal eine Blutgruppendiät ausprobiert, mich makrobiotisch, dann vegan ernährt.

Solche Ernährungsregeln und Diäten meine ich jedoch nicht, wenn ich von bewusster Ernährung spreche. Mir geht es um Bewusstsein im weiteren Sinne. Alles, was wir täglich zu uns nehmen, hat eine Herkunft. Ein Apfel ist ein Apfel und ein Hühnerbein ein Hühnerbein? So einfach ist es nicht. Denn die Art und Weise, wie Nahrungsmittel erzeugt werden, betrifft unmittelbar ihren Energiestatus und die Zukunft unseres Planeten.

Alles, was wir essen, besitzt eine spezifische Energie, je nachdem, wie es erzeugt wurde. Und sobald wir begreifen, dass wir an ein höheres Energiesystem angebunden sind, das auch in uns wirksam ist, verändert sich unsere gesamte Haltung. Das lässt sich an einem einfachen Beispiel veranschaulichen. Wenn wir beispielsweise Fleisch aus konventioneller Tiermast kaufen, sind wir mitverantwortlich für die grausame Behandlung der Tiere. Zugleich sind wir Mitschöpfer der Frequenzen von Angst und Stress, die diese Tiere ins Energiefeld der Erde ausstrahlen. Wir unterstützen also ein System, das respektlos und grausam mit der Natur umgeht.

Und auch wir selbst schädigen uns, wenn wir Fleisch essen, das mit brutalsten Methoden erzeugt wurde. Mit jedem Bissen führen wir unserem Körper die negative Energie von Todesangst und Verzweiflung zu. Unser Energiesystem wird geschwächt, unser Körper verliert seine Kraft, und auch unser Geist steht ganz im Bann negativer Schwingungen. Jeder Griff zu einem bestimmten Produkt im Supermarkt hat also einen direkten Einfluss auf uns, ja, auf die ganze Erde.

Alles auf dieser Welt trägt eine Information in sich. Nichts geschieht, ohne dass eine informelle Energieübertragung stattgefunden hat. Alles auf dieser Welt ist miteinander verknüpft. Die Dinge sind nicht voneinander getrennt, wie sehen wie nur getrennt voneinander. Ervin László

Es ist ein Akt der positiven Schöpfung, wenn wir uns bewusst mit biologisch erzeugten Produkten ernähren. Angst, Stress und Depression sind keine isolierten Phänomene, sie haben direkt damit zu tun, wie wir uns behandeln, wie wir über uns denken, welche Gefühle wir haben und ob wir uns lieben können. Ob wir erwachen, voller Freude, voller Glück, oder ob wir innerlich wie äußerlich verkümmern, das haben wir selbst in der Hand. Gesund essen macht glücklich!

Unsere Seele wird stark beeinflusst durch die Ernährung. Wir befreien sie von niederfrequenten Programmierungen, wenn wir uns achtsam, also hochfrequent ernähren. Doch wie findet die Übertragung statt? Als ich mich mit dem Wesen von Energien beschäftigte, tauchte ich ein in eine neue Welt. Ich lernte, dass Energie Schwingung ist und dass diese Schwingung inzwischen wissenschaftlich auch als eine Lichtqualität beschrieben wird. Die sogenannten Biophotonen, die für die Kommunikation der subatomaren Teilchen sowie der Zellen zuständig sind, haben bestimmte Frequenzen. Man kann sie anhand ihrer Lichtaktivität messen.

> Nahrungsmittel, die im Einklang mit den natürlichen Gesetzen des Lebens entstehen, unterstützen unseren Energiehaushalt. Werden sie noch dazu mit Liebe und Hingabe zubereitet, lassen sie den Körper höher schwingen.

Was vielleicht noch etwas theoretisch klingt, wird sofort anschaulich, wenn man ein konkretes Beispiel betrachtet. Der Physiker Fritz Albert Popp hat ein Verfahren entwickelt, die Intensität der Lichtabstrahlung in Lebensmitteln zu messen. Dabei fand er heraus, dass biologisch erzeugtes Gemüse und Eier aus ökologischer Haltung wesentlich mehr Biophotonen ausstrahlen als Gemüse aus konventionellem Anbau oder Eier aus Legebatterien. Stellen wir uns vor, was ein Huhn durchmacht, das in einem dieser Drahtkäfige hockt, wie sie in Legebatterien üblich sind. Es möchte scharren, hat aber nichts zum Scharren, nur ein Drahtgitter. Es möchte flattern, hat aber keinen Platz dafür. Eingepfercht mit ein paar anderen Hühnern, wird es panisch, dann aggressiv. Es hackt nach den »Zellengenossen«, es rupft ihnen die Federn aus. Angst, Aggression und die Qual des Eingesperrtseins gehen als niederfrequente Energie in das Fleisch und in die Eier. Hühner dagegen, die unter freiem Himmel scharren und flattern können, bewegen sich in ihrem natürlichen Lebensraum. Ihr Energielevel ist höher und damit auch das Energielevel der Eier.

Es ist faszinierend, wenn wir in die Struktur der Atome eintauchen. Auf der subatomaren Ebene finden wir dort die Photonen. Sie schwingen wie kleine Lichtstrahlen. Deshalb kann man sagen, dass alles aus vibrierendem Licht besteht. Neuere Forschungen haben ergeben, dass auch unsere Denkprozesse schwingende Lichtmuster erzeugen. Steigern sich die Vorgänge im Gehirn zu großer Intensität, kristallisiert sich das Licht zu einer Form. Deshalb ist schwingendes Licht einer der Schlüsselaspekte der Existenz. Demian Lichtenstein

Diese Erkenntnisse sind sozusagen der wissenschaftliche Beweis für die erschaffende Kraft hochfrequenter Energien. So, wie es überhaupt in den letzten Jahren immer mehr naturwissenschaftliche Belege gibt für Phänomene, die bisher allein als spirituelle Thesen galten. Doch nun kommt man der Basis näher, der Natur der Energien. Und was dort erforscht wird, können wir unmittelbar umsetzen: mit einer bewussten Ernährung. Schon ethische Überlegungen bringen uns dazu, Tierquälerei abzulehnen. Aber ich finde es unglaublich spannend, dass wir noch dazu erfahren, wie sich die Qualität unserer Nahrung auf uns, auf unseren Körper und unser Bewusstsein auswirkt.

»Der Mensch ist, was er isst« –
liest man diesen Satz nicht ganz neu,
wenn man weiß, dass jeder Bissen
uns nachweislich mit geistiger
Energie beflügeln kann?

Meine Reise ins Erwachen wurde immer spannender. Ich fing an, mich für ökologische Kooperativen in meiner direkten Umgebung zu interessieren. Es war ganz leicht, alles im Internet herauszufinden. Seit ich begonnen habe, mich bewusst zu ernähren, frage ich genau nach, woher mein Gemüse und mein Fleisch kommen. Ich übernehme Verantwortung dafür, welche Energien ich aufnehme und welche Systeme ich damit unterstütze. Die Lustgefühle bei meinen Mahlzeiten sind nicht mehr zu trennen von dem Wissen, dass ich etwas Gutes tue.

Mittlerweile kommt alles, was ich esse, aus meiner Gegend, im Sommer größtenteils aus meinem eigenen Garten und im Winter von Bauern, die aus der Region sind. Das Essen ist vollwertig, und ich habe einfach ein schönes Gefühl, wenn ich selbst gesammelte Kräuter esse und eine Suppe mit Liebe zubereite. Es ist mehr als nur das Wissen darum – ich merke einfach, dass mein Energielevel höher ist. Ich hätte auch den Film *Awake* nicht machen können, wenn ich mich so ernährt hätte wie früher. Es war sehr anstrengend, zu reisen, mit einem Jetlag zurückzukommen und arbeiten zu müssen.

*Ich bin viel stärker als früher, weil ich Dinge esse, die Kraft in sich haben, die lebendig sind und Power geben.*

Mit leichtem Grausen denke ich an die Phase meines Lebens, als ich kurz nach der Matura am Theater arbeitete. Damals ernährte ich mich hauptsächlich von Kaffee, Red Bull und Junkfood. Ich wurde viel schneller müde als heute und machte das dann natürlich wieder mit Kaffee, Red Bull und Junkfood wett. Deshalb spürte ich nicht, dass ich meine eigene innere Energie verlor. Rücksichtslos versuchte ich, meinen erschöpften Körper mit Koffein anzukurbeln, und ich ignorierte, dass er eigentlich nur schlafen gehen wollte, sich ausruhen und entgiften.

Die Ernährungsindustrie hat natürlich großes Interesse daran, dass wir uns mit schlechtem Essen zufriedengeben. Und ihre Werbestrategien gehen auf. Der Siegszug des Fast Food gehört sicherlich zu den absurdesten Errungenschaften unseres westlichen Lebensstils. Die Plastikprodukte, die da verkauft werden, sind nicht nur völlig denaturiert, sie sind auch eine Ersatzbefriedigung: übertrieben süß, übertrieben mit Aromastoffen versetzt. Wie ich auf diese Idee komme? Daniel Pinchbeck brachte mich darauf.

Unsere Gesellschaft hat ein Gefühl des Mangels erzeugt, aus dem sich Geld machen lässt. In dem Buch *Fast Food Nation* las ich, dass viele Gründer von Fast-Food-Ketten Waisen waren. Sie wuchsen in Waisenhäusern auf, ohne von ihren Müttern gestillt werden zu können. Deshalb erfanden sie diese bunten, süßen Ersatzbefriedigungen. Daniel Pinchbeck

Es stimmt schon: Wenn wir einen seelischen Mangel ausgleichen wollen, greifen wir wahllos nach süßen Dingen. Ich war ein klassischer Fall. Sobald ich mich nicht wohlfühlte oder mich nicht geliebt fühlte, machte ich mir ein Honigbrot. Merkwürdigerweise gab es mir immer das Gefühl, geliebt zu werden. Vermutlich erinnerte es mich an meine Kindheit, in der ich sehr oft Honigbrote gegessen habe. Wenn ich sie später aß, stellte sich sofort ein Gefühl der Geborgenheit ein.

Heute hat sich viel geändert. Seit ich bewusst lebe, ist der Heißhunger auf Süßes völlig verflogen. Ich esse nur noch, wenn ich wirklich Hunger habe, und bin dann sehr achtsam mit dem, was ich zu mir nehme. Essen ist kein Ersatz mehr für mich, sondern ein Energieritual, das ich mit Freude und Respekt für diesen Planeten gestalte.

Deshalb esse ich kaum noch Fleisch und kaufe nur noch ganz selten im Supermarkt. Ein simples Steak aus dem Supermarkt, in Plastik verpackt, erzählt eine ganze Geschichte: Seit Langem ist bekannt, dass für die Tiermast wertvoller, unwiederbringlicher Regenwald abgeholzt wird. Ebenso bekannt ist, dass über 50 Prozent der $CO_2$-Produktion vom Dung der Schweine und dem Methanausstoß der Rinder stammen, die in Großbetrieben für die Fleischproduktion gehalten werden. Einen weiteren großen Anteil am $CO_2$-Ausstoß hat die Produktion von Plastik. Außerdem verbraucht der Transport zu den Supermarktketten fossile Energien und erhöht die Gefahr ökonomisch motivierte Kriege. Und genau deshalb will ich dieses Steak nicht mehr.

Man sieht: Jeder Handgriff beim Einkaufen ist ein Akt göttlicher Co-Kreation der »neuen Erde«. Manche Leute sagen zwar: »Ist doch egal, ich fühle mich nicht persönlich verantwortlich, wenn die Ressourcen ausgebeutet werden, denn ich bin ja nur ein Rädchen.« Aber wir sind keine Rädchen, wir sind göttliche Schöpfer, ob wir uns dessen bewusst sind oder nicht. Es ist mehr als eine Vision, die Maika Suneagle schildert:

Dass wir Luft atmen, die nicht vergiftet ist, dass wir gesunde Nahrung essen, die vor unserer Haustür wächst, gibt uns positive Schwingungen, Freude und Energien, um das Glück auf Erden zu erschaffen. Wir sind alle an dem Punkt, wo wir diese Entscheidung treffen können, als Individuen und auch kollektiv. Das beginnt jetzt, heute, für dich und für mich! Und ich gebe jedem meine höchste Anerkennung, wenn er eine neue Entscheidung trifft. Maika Suneagle

### ERNÄHRUNGSBEWUSSTSEIN

Schaue dich um: Welche ökologischen Kooperativen gibt
es in deiner Umgebung, die du als Käufer unterstützen
kannst? Einige solcher Initiativen kannst du beispielsweise
im Internet finden. Viele haben einen Lieferservice, aber
noch besser ist es, du fährst einfach mit dem Fahrrad hin.
Neuerdings gibt es auch Restaurants, die sich auf lokale
und saisonale Ernährung spezialisiert haben. Sie sorgen
dafür, dass die bäuerlichen Strukturen der Region intakt
bleiben, und bringen Köstliches auf den Tisch. In
Österreich gibt es zum Beispiel den Verein »Speiselokal!«
(www.speiselokal.org), der es sich auf die Fahnen
geschrieben hat, eine »Ernährungsrevolution« zu starten.
Bestimmt gibt es ähnliche Restaurants auch in deiner
Umgebung. Sie tragen dazu bei, der Vorherrschaft der
Agrarindustrie und der Macht der Nahrungsmittel-
konzerne etwas Aufbauendes entgegenzusetzen. Wenn
du erst einmal bewusst kaufst und isst, wirst du rasch
merken, wie du ganz neue Energien in dir aktivierst.
Außerdem erhöhst du deine Schwingung und erreichst
die Frequenzen von Liebe und Freude.
Vielleicht fühlst du dich auch gerade inspiriert, selbst so
eine Initiative zu starten. Ich würde mich freuen, dann
davon zu hören!

# Endlicher Körper und ewige Seele

Die Erkenntnis, dass wir aus Energie bestehen, aus schwingenden Frequenzen, verändert das Bewusstsein auf eine sehr umfassende Weise. Sosehr wir unseren Körper achten und gut behandeln sollten – uns sollte immer klar sein, dass wir nicht im eigentlichen Sinne unser Körper sind. Unsere Existenz hier auf diesem Planeten ist eingebettet in ein universales Energiesystem. Und das bedeutet zugleich, dass wir nicht an unseren Körper gekettet sind. Der Geist ist frei, sobald das Bewusstsein erwacht. Er ist nicht abhängig vom Körper, sondern formt ihn. Im vorbewussten Zustand jedoch meinen wir, unser Dasein sei auf diesen einen Körper beschränkt. Dies ist eine Überzeugung, die wie alle anderen Überzeugungen auch mit vielen Ängsten verbunden ist. Deshalb war ich innerlich befreit, als ich durch den »Kurs in Wundern« lernte: Ich bin nicht mein Körper. Ich bin frei. Damit hatte ich die beiden wichtigsten Roots für unser Leiden gefunden: die Identifikation mit dem Verstand und die Identifikation mit dem Körper.

Plötzlich wurde mir bewusst, dass ich mich lange nicht nur mit meinen Gedanken, sondern auch mit meinem Körper identifiziert hatte. Er gab mir Grenzen vor. Er schien mich zu definieren. Deshalb war es so wichtig, mir vor Augen zu führen, dass mein Geist wie auch jede Zelle in mir energetisch frei schwingen kann und mich auf die Stufe des kosmischen Bewusstseins erhebt.

Sobald sich der Gedanke als Glaube ausprägt, entstehen einige typische Probleme, weil ich mich dann von allem Seienden abgrenze. Ich verliere das Gefühl dafür, dass ich Teil eines größeren Energiesystems bin.

Wenn wir glauben, dass wir unser Körper sind und uns mit dieser Überzeugung identifizieren, ist das gleichbedeutend mit der Geburt des Ego. Daran knüpfen sich weitere Konzepte, die uns einschränken. Sie hindern uns daran, die Unterschiedlichkeit und Fülle alles Seienden zu erfassen. Mooji

Mein Körper, meine Gedanken, meine Glaubenssätze – dieses vereinnahmende »Mein« können wir ganz einfach loslassen. Praktisch kann man das schon daran ablesen, dass sich der Körper völlig verändert, sobald wir die Glaubenssätze wechseln. Bruce Lipton hat dafür ein verblüffendes Beispiel genannt. Er erzählte von jemandem, der eine sogenannte multiple Persönlichkeit hatte. Je nachdem, welche er gerade auslebte, reagierte auch sein Körper ganz unterschiedlich. Eine dieser Persönlichkeiten hatte eine Erdbeerallergie. Sobald er in eine andere seiner Persönlichkeiten wechselte, konnte er so viele Erdbeeren essen, wie er wollte, und es kam zu keiner allergischen Reaktion. Kehrte er jedoch innerhalb weniger Minuten in seine ursprüngliche Persönlichkeit zurück, konnte schon eine einzige Erdbeere seinen Körper völlig aus dem Gleichgewicht bringen.

Das Beispiel zeigt, dass unser Körper keinerlei festgelegte Form hat und dass wir uns von der Idee befreien müssen, dass unsere Existenz an diesen einen Körper geknüpft ist.

> Unsere Seele kann sich unendlich inkarnieren.
> Daher müssen wir uns vor nichts fürchten.
> Ganz gleich, was mit unserem Körper geschieht,
> unser Wesenskern bleibt davon unberührt.

Selbst der Tod verliert dann seinen Schrecken. Er markiert nicht das Ende. Ja, man könnte sagen, dass wir ewig und unsterblich sind. Da wir aus Schwingung bestehen, bleibt diese Schwingung erhalten und geht in das höhere Energiefeld ein. Insofern öffnet uns das erwachte Bewusstsein die Augen für unser höheres Selbst, das sich nicht in der Individualität erschöpft.

Erwachen heißt, uns dies bewusst zu machen: Wir alle werden nicht den Tod erleiden, sondern das Wunder der Wiedergeburt. Kiara Windrider weist auch darauf hin, dass diese Wiedergeburt etwas ist, das wir sogar jetzt, in diesem Leben erleben werden – eine kollektive geistige Wiedergeburt, an deren Ende eine neue Welt stehen wird. Solange wir aber an unserem Körper und damit auch an unserem Ego festhalten, an all den Konzepten der Individualität, wird diese Wiedergeburt einen gewissen Schrecken in uns auslösen. Dann klammern wir uns an das, was wir zu sein meinen, und können uns nicht vorstellen, dass wir auch auf ganz andere Arten existieren könnten.

Machen wir uns mit der Erkenntnis vertraut, dass wir uns in einem großen Wandel befinden. Er wird uns persönlich zu neuen Daseinsformen führen, bis hin zur Wiedergeburt in einem anderen Körper. Auf der kollektiven Ebene führt er uns auf den Weg einer Transformation der Menschheit. Wie entlastend das ist, werden wir feststellen, wenn wir die Überzeugung unserer festgelegten Individualität aufgeben. Jeder von uns kann sich jetzt schon »neu erfinden«. In einem neuen Körper, mit neuen Sichtweisen, neuen Eigenschaften. Das Leben ist so großartig, dass wir es nicht nur aus einer Perspektive sehen müssen. Natürlich denken wir: »Moment, aber ich bin doch dies und das, ich bin eben stolz oder schüchtern oder fordernd.« Doch das sind nur Glaubenssätze.

Wir können uns verwandeln, weil wir als energetische Wesen empfänglich sind für andere Energien und damit auch für andere Informationen. Ich erwähnte das bereits im Zusammenhang mit der Inspiration, die scheinbar aus dem Nichts kommt. Doch sie ist ein göttlicher Funke, der uns berührt und unser ganzes Sein durchdringt – sofern wir uns durchlässig dafür machen.

Wir leben jetzt in einer neuen Ära, dem Zeitalter der Information. Es eröffnet uns ganz neue Möglichkeiten. Wir spüren den Drang, neue Möglichkeiten zu entdecken, wir wollen unser Denken und Fühlen erweitern. Das schaffen wir jedoch nur, wenn wir unsere Glaubenssysteme ergründen und die Art und Weise, wie sie in uns verankert sind. Dann verstehen wir, dass sie uns zu dem geformt haben, was wir Persönlichkeit oder Ego nennen. Maika Suneagle

Ich habe mich in diesen Worten spontan wiedergefunden. Auch ich hatte ja den Impuls, mich zu verändern und damit auch die Welt zu verändern. Tatsächlich entdeckte ich so viel Neues an mir und konnte auf einmal Dinge tun, die ich mir vorher nie zugetraut hatte. Mit jeder Überzeugung, die ich auflöste, fiel eine Schranke. Meine Persönlichkeit, das wurde mir immer bewusster, war ein reines Konstrukt. Selbst mein Körper war ein Konstrukt – wie ich ihn sah, was ich ihm zugestand, welche Fähigkeiten ich ihm zusprach. Das betrifft auch unsere Angst vor Krankheit und Tod. Viele stehen heute im Bann scheinbar unkalkulierbarer Gefahren und lassen sich von der allgemeinen Katastrophenstimmung anstecken. Sie haben das Gefühl dafür verloren, dass unsere Seele unzerstörbar ist und der Tod nicht das Ende bedeutet. Wir sind nicht allein. Und wir müssen nichts befürchten.

Das Ego löst sich auf, wenn wir nicht mehr von »Dein« und »Mein« sprechen. Jeder kann alles sein. Es gibt keine unabänderlichen Rollenaufteilungen. Wir fühlen uns verbunden mit allen Menschen und allen Informationen des großen Energiefelds. Dieses beglückende Gefühl universaler Verbundenheit ist die größtmögliche Freiheit, die wir haben.

Warum aber fehlt uns in der Regel dieses Gespür für das große Ganze? Warum klammern wir uns an alles: an unseren Körper, unsere Gedanken, unsere Überzeugungen? Warum ist es so schwierig für uns, das tiefe Vertrauen in unsere höhere Existenz aufzubauen? Daniel Pinchbeck hat dazu eine interessante Beobachtung gemacht. Er hat sich die Frage gestellt, warum viele Völker jenseits der westlichen Welt so viel glücklicher sind. Wie haben sie das Gefühl der Verbundenheit in sich aufgenommen?

Als ich mich mit der Frage auseinandersetzte, warum unsere westliche Welt aus dem Gleichgewicht geraten ist, kam ich auf ein interessantes Phänomen. Ich glaube, das ist in der Art begründet, wie wir mit den Babys umgehen. Kleine Kinder werden in indigenen Kulturen immer am Körper getragen, sodass sie den Herzschlag der Mutter hören. Deshalb sind die Menschen in Afrika, Südamerika oder auf Bali so viel glücklicher, obwohl sie oft in Armut leben. Es ist wegen dieser authentischen Verbundenheit, die sie als Kinder erfahren haben. Daniel Pinchbeck

Als Mutter kann ich Daniel nur recht geben. Durch meine innige Beziehung zu meinem Sohn erlebt er die Welt aus der Sicherheit meiner Liebe heraus und entwickelt ein Urvertrauen, das ihn sicherlich ein Leben lang begleiten wird. Mit der Liebe beginnt alles. Aus dieser Liebe heraus kann ich ihm zeigen, wie viel mehr Liebe noch jenseits unserer Bindung auf ihn wartet, wie viel Schönes und Spannendes.

Verbundenheit ist die beglückendste Erfahrung überhaupt. Sie ist gleichbedeutend mit Urvertrauen. Wir müssen vor nichts mehr Angst haben, weil wir uns getragen wissen. Wir müssen uns auch nicht mehr ängstlich abgrenzen, sondern können uns öffnen für das Wunderbare, das für uns bereitsteht. Wir sind Licht, Energie, Information. Und als Lichtwesen müssen wir nichts fürchten, denn die Fülle des Universums umgibt uns und gibt uns alles, was wir brauchen. Ein wunderbares Tool, das unser Bewusstsein für diese Verbundenheit öffnet, fand ich bei Arjuna Ardagh. Es ist der Blick in den Himmel, der keine Grenzen hat, der unzerstörbar und ewig ist. Dadurch machen wir die existenzielle Erfahrung von Unendlichkeit, jenseits unseres Körpers und jenseits unserer konstruierten Persönlichkeit. Es ist wirklich ein »Mind Opener«, denn wir erkennen, dass wir selbst so unendlich und unbegrenzt sind wie der Himmel.

### SCHAUT IN DEN OFFENEN HIMMEL

**Schritt 1:** Lege dich unter einem wolkenlosen Himmel auf den Rücken. Schaue in den offenen Himmel.

**Schritt 2:** Während du in den Himmel schaust, öffne dich dem Wesen der Unendlichkeit. Bewege dich mit deinem Bewusstsein völlig unbegrenzt in diesem unendlichen Raum.

**Schritt 3:** Führe dir die unvermeidliche Tatsache vor Augen, dass du immer erst auf der Hälfte der Reise bist – es gibt keine Grenzen.

**Schritt 4:** Sei dir bewusst, dass du nicht über die Unendlichkeit nachdenken kannst. Das würde deinen Verstand verwirren. Du kannst nur eins werden mit der Unendlichkeit.

**Schritt 5:** Schaue unverwandt in den Himmel, ohne zu zwinkern. Lass den Himmel in dich hineinströmen, bis es kein Innen und kein Außen mehr gibt.

**Schritt 6:** Schließe nun deine Augen und schaue in deinen inneren unendlichen Himmel.

Kapitel 5

Awake –
unser Bewusstsein
erwacht

# Wir sind der Wandel

*Mit einem neuen Blickwinkel verändert sich alles.*

Schon bevor ich mein Bewusstsein entwickelte, hatte ich gespürt, dass die Welt, in der wir leben, brüchig wird. Ich sah es an den globalen Krisen, die sich ankündigten und dann mit großer Wucht hervorbrachen – Finanzkrisen, Wirtschaftskrisen, das Auseinanderdriften von Arm und Reich, die fortschreitende Umweltzerstörung. Ich erlebte aber auch persönliche Krisen, die mich verwirrten und im Innersten erschütterten. Alles erschien mir sinnlos. Ich hatte das Gefühl, in einer Schattenwelt zu leben, und ich sehnte mich nach Licht.

Je kraftvoller mein Bewusstsein erwachte, desto klarer sah ich, warum ich in Krisen geriet: Es waren die Glaubenssätze und die Sabotagemechanismen, mit denen ich mich selbst ausgehebelt hatte. Nach und nach verstand ich aber auch, was rings um mich vorging: Unsere Systeme tragen uns nicht mehr. Die rücksichtslose Ausbeutung aller Ressourcen und das Auseinanderfallen der Gesellschaft haben eine unerträgliche Phase erreicht. Unsere Zivilisation, auf die wir lange stolz waren, bietet uns kein lebenswertes Leben mehr. Sie tritt unsere Bedürfnisse und Sehnsüchte mit Füßen. Doch ich spürte auch: Krisen sind kein Grund zur Resignation. Ganz im Gegenteil: Viele Menschen wachen jetzt auf.

Als ich begann, ganz bewusst mein Leben anzuschauen und nach Alternativen zu suchen, machte ich eine wunderbare Entdeckung: Es gibt eine immer größere Zahl von Menschen, die einen Wandel herbeiführen wollen. Sie geben sich nicht mehr zufrieden mit einer Welt der Ängste und Verunsicherungen. Sie wollen etwas bewegen, wirkungsvoll und nachhaltig.

Es sind ganz unterschiedliche Menschen, die jetzt an einer umfassenden Transformation arbeiten: spirituelle Lehrer, ganzheitlich orientierte Heiler, Neurowissenschaftler und Evolutionsbiologen. Aber auch viele andere, die unerkannt in der Masse leben, bereiten den geistigen Wandel vor. Sie ändern ihr Leben und brechen auf zu einem neuen Bewusstsein, zu einer neuen Existenzform.

Wir haben eindeutige Hinweise darauf, dass die gesamte Menschheit jetzt eine Evolution des Bewusstseins erlebt. Immer mehr Menschen machen spontan übersinnliche Erfahrungen und werden Zeugen einer höheren Intelligenzform, die alles übersteigt, was wir als Alltagswahrnehmung bezeichnen. Die Sensibilität für solche Erfahrungen wird stärker und beeinflusst auch andere. Auf diese Weise wird das Potenzial des kollektiven Bewusstseins erweckt. Wir nehmen uns mehr und mehr als innerlich verbundene Menschheitsfamilie wahr. Nur mit diesem Bewusstsein werden wir auf lange Sicht überlebensfähig sein. Ervin László

Ervin hat sich intensiv mit dem Wandel beschäftigt und beobachtet ihn auf vielen Ebenen: in veränderten Mustern der menschlichen Hirnströme, aber auch in zahlreichen Phänomenen der Natur. Es gibt zurzeit auffallende Abweichungen, bis hin zur überraschenden Neuentwicklung von Pflanzen, Bakterien und einfachen Organismen. Die Symptome häufen sich und sind naturwissenschaftlich belegbar. Ein übergreifender Prozess hat eingesetzt, der nicht mehr umkehrbar ist. Der Wandel kündigt sich unübersehbar an – ja, er hat bereits begonnen! Das hat nichts zu tun mit den Weltuntergangsszenarien, die neuerdings grassieren.

Während viele spirituelle Lehrer einen Bewusstseinswandel prophezeien, eine globale Transformation der Menschheit, melden sich selbsternannte Propheten zu Wort, die eine Apokalypse vorhersagen.

Sie tun es meist mit einem drohenden Unterton: Seht, so weit ist es mit der Menschheit gekommen, dass sie ihre gerechte Strafe erhält! Sie entlarven sich schon allein damit, dass sie kritiklos das überkommene Muster von Schuld und Sühne wiederholen – diesen ganzen Komplex mitgeschleppter Schuldgefühle, die sie nun einer großen Öffentlichkeit weismachen wollen. Ich halte gar nichts von solchen Vorhersagen. Genauso wenig wie von der Vorstellung, dass wir sozusagen mit einem Zauberstab berührt werden und uns auf der Stelle in übersinnliche Wesen verwandeln. Transformation ist kein Instant-Produkt, das uns vom einen auf den anderen Moment zu neuen Menschen macht.

Manche fragen sich, ob ein einschneidender Wandel an einem »magischen« Datum stattfinden wird. Deshalb nehmen sie nicht wahr, was sich schon jetzt verändert. Vermutlich werden wir in zwanzig Jahren auf die jetzige Gegenwart zurückblicken und feststellen: Damals hat sich das Bewusstsein der Menschen entscheidend erweitert. Eric Pearl

Wie aber äußert sich der Wandel ganz konkret bei uns Menschen? Ich selbst gelangte an einen Punkt, an dem meine Existenz völlig infrage gestellt wurde. Lange hatte ich meine Karriere als Regisseurin von Filmen und Werbespots vorangetrieben. Ich galt als erfolgreich, doch in meinen Inneren war ich einsam und unglücklich. Deshalb begann ich auszubrechen aus der engen Welt, die ich mir selbst geschaffen hatte. Ich wollte wissen, wer ich wirklich bin, welche Gaben in mir schlummern und wie ich ein glückliches Leben verwirklichen kann. Mein Weg zeichnete sich bald ab: in meiner Hinwendung zur Spiritualität.

Es ist offensichtlich, dass uns unsere materiell fixierte Kultur keinen Halt mehr geben kann. Wie sehnen uns nach dem geistigen Wandel.

Das Habenwollen, dieses ganze System künstlicher Bedürfnisse und künstlicher Befriedigungen neigt sich seinem Ende zu. Wenn wir erwachen, wollen wir keine bedürftigen Bittsteller mehr sein, wie es Mooji so schön formuliert hat mit seinem Satz: »Solange wir Wünsche haben, sind wir Bettler.« Die Welt des Konsums hat sich für immer mehr Menschen entzaubert. Und mit der Einsicht, dass Geist und Materie eins sind, können wir auf einer höheren Ebene jede Vorstellung von materieller Schwere hinter uns lassen.

Insofern ist es kein Zufall, dass das Interesse für Spiritualität wächst. Es entspringt einem authentischen Bedürfnis nach Wahrheit und Sinn, keinem künstlich erzeugten Wunsch. Während meiner Reise traf ich viele Menschen, die diese Erfahrung mit mir teilten. Einer von ihnen ist Eli Jaxon Bear. Er zählt zu den Vordenkern, die das Erwachen der Menschheit begleiten. Ihm liegt daran, dass wir durch intensive Selbsterforschung die falsche Identifizierung unseres Ichs mit unserem Ego erkennen.

Immer mehr Menschen wachen auf. Sie beschäftigen sich mit spirituellen Themen, von denen sie vor zehn Jahren noch nichts gehört haben. Die Bewegung wird größer, sie breitet sich aus. Eine große Veränderung ereignet sich. Eli Jaxon Bear

Einfach alles verändert sich, wenn man bereit ist, einen neuen Blickwinkel einzunehmen: Wahrnehmungen, Überzeugungen, Gefühle, ja, das ganze Leben. Es ist eine ungeheure Befreiung. Alles Erlernte und Übernommene wird bedeutungslos und gibt dem erwachten Bewusstsein Raum. Eine ganz neue Erfahrung von Glück und Fülle bricht sich Bahn. Zwänge lösen sich auf, Ängste verlieren ihre Macht.

Das empfinde ich immer ganz deutlich, wenn ich mit spirituellen Menschen spreche. Jeder Einzelne von ihnen hat schon viel bewirkt. Das ermutigt mich. Denn es sind nicht nur die herausragenden Persönlichkeiten, die zur Veränderung beitragen können, einfach jeder ist in der Lage dazu.

Jeder kann an der spirituellen Transformation teilhaben,
und je mehr Menschen sich der Spiritualität widmen,
desto mehr strahlen sie auf ihre Umgebung aus.

So beschreibt es auch Arjuna Ardagh. Doch er weiß, dass wir oft merkwürdige Umwege machen auf der Suche nach der Essenz unseres Seins. Arjuna erzählte einmal folgende Geschichte: Ein junger Mann, der leidenschaftlich gern Cello spielte, verlor sein Instrument. Auf der Suche nach dem Cello bereiste er die ganze Welt, doch er fand es nicht und war untröstlich. Bis ihm eines Tages jemand sagte: »Hey, schau doch mal, du trägst das Cello auf deinem Rücken!« Also schaute er über seine Schulter, und tatsächlich: Er hatte das Cello die ganze Zeit mit sich herumgetragen! Völlig durcheinander setzte er sich hin und begann zu spielen. Zunächst klang es noch etwas kratzig, dann aber immer schöner.

Mit dieser kleinen Geschichte zeigt Arjuna zwei Dinge. Einmal, dass wir nicht ruhelos im Außen suchen müssen, sondern alles in uns finden. Und zum Zweiten, dass wir unser Bewusstsein durch praktische Übung jeden Tag ein bisschen mehr verändern können. Es ist keine Entscheidung des Verstandes, sondern eine Hinwendung zum erwachenden Bewusstsein. Ich fragte ihn daraufhin nach der Zukunft. Was wird passieren? Wann wird der Wandel für alle sichtbar sein? Und was kann ich persönlich tun?

Es geht nicht darum, den Inhalt deines Lebens zu verändern, sondern den Inhalt deines Bewusstseins. Wir müssen nicht an unseren Träumen arbeiten, wir sollten besser fragen: Wer oder was ist es, der sich dieses Traumes bewusst ist? Wer nimmt die Bewegung wahr? Es geht um das JETZT, nicht um die Vergangenheit oder die Zukunft. Arjuna Ardagh

Diese Sätze waren ein Schlüsselerlebnis für mich. Auch ich hatte ja lange gedacht, dass meine Herkunft, meine Erziehung und meine beruflichen Perspektiven Vorrang hätten. Ich definierte mich durch meine Vergangenheit und durch das, was ich in Zukunft sein wollte. Das Jetzt, so meinte ich, sei nur ein flüchtiger Augenblick. Dieser Denkfehler verleitete mich zu Kompromissen. Ich machte freiwillig Abstriche und vertröstete mich damit, dass die erlösende Veränderung erst in ferner Zukunft geschehen werde.

*Wenn wir vom Wandel sprechen, kommt es darauf an, dass wir ihn im Jetzt wahrnehmen und verwirklichen.*

Wenn wir dagegen an unsere Vergangenheit oder unsere Zukunft denken, haben wir es nur mit Konstruktionen zu tun. Wir basteln uns gleichsam ein Leben aus Interpretationen und Bewertungen. Wir vergessen, dass nur das Jetzt wirklich ist und die Wahrheit in sich trägt.

Vor allem aber vergessen wir, dass wir Teil einer spirituellen Bewegung sind, an deren Ende sich die gesamte Menschheit transformiert haben wird. Das ist unsere Bestimmung und das ist auch unser Auftrag.

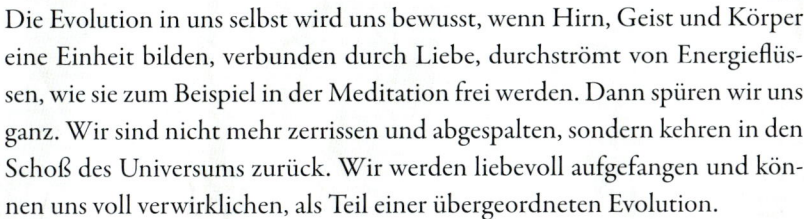

Der Bewusstseinswandel ist der Übergang vom persönlichen Bewusstsein zum evolutionären Bewusstsein. Das mystische und spirituelle Bewusstsein ist ein großartiger Wegbereiter dahin. Doch jetzt geht es darum, dass wir mit einem erwachten Bewusstsein die Evolution in uns selbst erkennen. Barbara Marx-Hubbard

Die Evolution in uns selbst wird uns bewusst, wenn Hirn, Geist und Körper eine Einheit bilden, verbunden durch Liebe, durchströmt von Energieflüssen, wie sie zum Beispiel in der Meditation frei werden. Dann spüren wir uns ganz. Wir sind nicht mehr zerrissen und abgespalten, sondern kehren in den Schoß des Universums zurück. Wir werden liebevoll aufgefangen und können uns voll verwirklichen, als Teil einer übergeordneten Evolution.

Die ganzheitliche Selbstwahrnehmung ist das genaue Gegenteil des alten Denkens. Sie befreit uns von der vorbewussten Neigung zu Gier, Selbstbezogenheit, Konkurrenzdenken und Aggression. Solche destruktiven Verhaltensweisen halten die Anhänger des alten Denkens für natürlich, ja, für ein Naturrecht. Beruht denn nicht das Leben auf Wettbewerb?, fragen sie. Geht es denn nicht darum, besser zu sein als andere, Konkurrenten auszustechen und für sich selbst zu sorgen? Sie tarnen ihren Egoismus als gesunden Menschenverstand. Sie beschönigen ihre Rücksichtslosigkeit als Überlebensprinzip. Sie ignorieren, wie viel Unheil sie damit anrichten. Bei anderen – und in sich selbst.

Egoismus, Rücksichtslosigkeit und Gier jedoch sind Zeichen eines nicht erwachten Bewusstseins. Das erwachte Bewusstsein dagegen geht einher mit dem ganzheitlichen Denken. Und wir alle haben die Möglichkeit, das ganzheitliche Bewusstsein zur Basis unseres Lebens zu machen. Denn wir müssen nicht hinnehmen, dass wir angeblich dazu verurteilt sind, als Einzelkämpfer im Vorbewusstsein zu verharren. Wir können uns aus eigener Kraft transformieren, unterstützt durch kosmische Energien und die Energien all jener, die sich für ein voll bewusstes Leben entschieden haben.

Es liegt an uns selbst, wofür wir uns entscheiden. Und wir haben es selbst in der Hand, ob wir das volle Potenzial in uns zur Entfaltung bringen. Es war immer da, es schlummerte in uns. Und es wartet darauf, wiedererweckt zu werden. Unsere Bestimmung war es nie, ein Leben zu führen, das auf Gewalt und Ausbeutung beruht. Ervin László ist sicher, dass die Menschheit nur auf einen Irrweg geraten ist. Seiner Einschätzung nach ist die Entwicklung zum allgemeinen Egoismus ein recht junges Phänomen:

Die egoistische Mentalität, die Bedürfnisse anderer und die Belange von Natur, Biosphäre und Universum zu missachten, ist eine Ausnahme in der Geschichte der Menschheit. Frühere Kulturen fühlten sich mit allem verbunden und hatten einen hohen ethischen Anspruch. Ervin László

Denken wir nur an die beeindruckende Spiritualität der indianischen Kulturen. Sie lebten in tiefer Verbundenheit mit der Natur, wussten sich im Einklang mit dem Kosmos und respektierten seine Gesetze. Sie nahmen nur so viel, wie sie brauchten. Sie wollten nicht immer mehr, sie beanspruchten nur das, was ihr Überleben sicherte und die Natur schonte. Sie wussten: Wenn wir hemmungslos alles ausbeuten, was uns geschenkt wurde, dann zerstören wir unsere Lebensgrundlage.

Die gängige Wachstumsideologie dagegen flüstert uns ein, dass wir nie genug bekommen könnten. Wir dürfen uns nie zufriedengeben. Täglich wird uns erzählt, dass auch die Wirtschaft uns nur ernähren kann, wenn sie wächst. »Höher, schneller, weiter« ist das Motto. Dass die sogenannte Profitmaximierung aber nur wenige bereichert und die Mehrheit der Menschen mit Arbeitslosigkeit und Instabilität bedroht, das wird unter den Teppich gekehrt. Genauso wie die Tatsache, dass die rücksichtslose Ausbeutung der Ressourcen unseren Planeten bald schon unbewohnbar machen könnte.

> Wir tragen ins uns die Gabe, durch unser erwachtes
> Bewusstsein im Einklang mit allem zu leben. Exzessives
> Wachstum, Ausbeutung und Verachtung der Natur sind
> lediglich Ideologien, mit denen die Führungseliten
> ihre Gier nach Macht und Reichtum verschleiern.

Was wäre, wenn solche Ideologien ihre Anziehungskraft verlieren würden? Wenn endlich alle hinter die Kulissen der Machtspiele schauten? Dann könnten wir neu darüber nachdenken, wie wir leben wollen. Wir könnten eine neue Ordnung erschaffen, die auf Gerechtigkeit beruht, auf Verantwortung und Mitgefühl. Es ist genug für alle da. Das ahnen wir längst. Auch wenn man permanent versucht, uns diese Ahnung auszureden.

Eine kritische Haltung zur Konsumgesellschaft ist der Beginn eines Bewusstseinswandels. Wir können die falsche Versprechung entzaubern, die uns gemacht wird: dass wir durch Konsum glücklicher werden. Das erwachte Bewusstsein nimmt wahr, was wirklich geschieht. Immer mehr Menschen verstehen, wie sie manipuliert werden. Wie sie durch Werbung und standardisierte Bilder von ihren eigentlichen Bedürfnissen abgelenkt werden. Sie wollen nicht mehr ihre Energie damit vergeuden, sich unablässig mit dem nächsten Auto, der größeren Wohnung, dem nächsten Konsumkick zu beschäftigen.

Die Ideologie des Wachstums zeigt sich auch in unserem ganz persönlichen Leben. Wir wollen immer mehr haben. Wir kaufen so viele Dinge, die wir eigentlich gar nicht brauchen. Dabei wachsen wir jedoch nicht, wir belasten uns nur. Und wir überdecken durch den Konsum, wie unglücklich wir eigentlich sind. Die meisten »Lustkäufe« sind Frustkäufe. Glücklicher werden wir nicht damit. Fällt all das weg, wachsen uns unglaubliche Kräfte zu. Das folgende Tool ist deshalb eine gute mentale Lockerungsübung.

*Tool 20*

## VERSCHENKEN STATT KAUFEN

Eine effektvolle Bewusstseinsübung besteht darin, eine Woche lang nichts zu kaufen, was nicht unmittelbar mit dem Überleben zu tun hat. Stattdessen solltest du an jedem Tag der Woche einen Gegenstand verschenken, der sich als überflüssig erwiesen hat. Bestimmt gibt es jemanden, dem du damit eine Freude bereiten kannst. Auf diese Weise wird dir bewusst, dass nicht das Mehr von Dingen uns glücklich macht, sondern das Teilen, das Miteinander. So kannst du innerlich wachsen.

# Das erweiterte Bewusstsein

*Wir können uns ein unerfülltes Leben nicht länger schönreden.*

Was ist Bewusstsein? Warum schläft es und wie kann es erwachen? Während meiner Reise wurde mir klar: Bewusstsein ist der Schlüssel zur Transformation, sowohl für den Einzelnen als auch für das Ganze. Durch die erlernten Verhaltensnormen ist unser Bewusstsein jedoch meist verschüttet. Und damit die lebendige Wahrnehmung, das vorurteilslose Schauen, die Empathie für alles, was existiert. Dann sind wir abgeschnitten von der Welt und können ihr nichts geben. Oder schlimmer noch: Wir lassen die Zerstörung der Welt zu.

Das erwachende Bewusstsein entledigt sich aller Glaubenssysteme. Im vorhergehenden Kapitel haben wir schon gesehen, dass es vor allem unsere Identifizierung mit dem Köper und dem Ego ist, was uns noch vom Erwachen trennt. Dazu gehören auch die Ängste, die mit diesen Überzeugungen verbunden sind, vor allem die Angst vor dem Tod.

In den Nahtod-Erlebnissen, die Elisabeth Kübler-Ross als eine der ersten Forscherinnen dokumentiert hat, erkennen wir etwas ganz anderes als Schrecken und Verzweiflung. Übereinstimmend schildern Patienten, die bereits klinisch tot waren und dann reanimiert wurden, Erfahrungen höchsten Glücks. Sie stürzten nicht ins Dunkel, sie gingen in ein strahlend helles Licht. Barbara Marx-Hubbard, die seit vielen Jahren über die Bewusstseinsevolution schreibt, sagte mir:

Im Grunde macht die gesamte Menschheit heute eine Nahtod-Erfahrung. Wir wissen, dass wir im Begriff sind, unsere Umwelt und unsere Kultur zu zerstören. Das erzeugt Todesängste. Doch die konkreten Nahtod-Erlebnisse lehren uns, dass uns solche Situationen größter Angst und Gefahr zum Licht führen. Wir sind von diesem Licht umgeben. Alles, was uns daran hindert, hineinzutauchen, ist die Tatsache, dass wir die Herausforderung noch nicht in ihrer Gesamtheit erkannt haben. Barbara Marx-Hubbard

Die allgegenwärtigen Krisen sind also nicht Zeichen einer beginnenden Katastrophe, sondern Zeichen einer kollektiven Wiedergeburt. So, wie auch in der Natur Geburt und Tod, das Stirb und Werde Hand in Hand gehen, liest Barbara einen Neubeginn aus den Krisensymptomen. Denn sie sieht auch die Reaktionen: Immer mehr Menschen vernetzen sich, schließen sich zusammen, in Social Networks, bei Twitter und anderen Kommunikationsforen. Sie lassen sich nicht mehr bevormunden. Sie wollen selbst herausfinden, was ihnen guttut und was sie verändern müssen. Eine Gegenöffentlichkeit entsteht, unabhängig vom Mainstream des alten Denkens.

Barbara prophezeit, dass schon unsere Kinder und Enkel in einer völlig veränderten Welt leben werden, in einer Welt des höheren Bewusstseins, einer größeren Freiheit und einer höheren Ordnung. Ich muss gestehen, dass ihre Gedanken mich förmlich elektrisierten. Wenn man bedenkt, wie viele Menschen eine Apokalypse herbeireden, den endgültigen Kollaps unseres Planeten, dann bedeuten ihre Erkenntnisse eine ungeheure Befreiung. Und sie enthalten eine Aufforderung: Sei Teil des Wandels! Öffne dich ihm! Mir fiel dabei ein Satz Mahatma Gandhis ein, der seit Jahren mein inneres Mantra ist: »Sei du selbst der Wandel, den du dir von der Welt erwartest!«

Jetzt verstehe ich den Satz auf ganz neue Weise. Wir sollten nicht darauf warten, dass etwas passiert. Niemand wird kommen, um uns zu erlösen. Wir selbst sind es, die den Wandel verwirklichen können, aus eigener Kraft, mithilfe unsers erwachten Bewusstseins. Um es zu entwickeln, werden wir von den Ereignissen geradezu wachgerüttelt. Jede neue Krise ist ein Weckruf, jede Nachricht über zerbrechende Systeme und zerstörte Landschaften. Statt also die Augen davor zu verschließen oder in Ängste zu flüchten, sollten wir sehr genau hinsehen.

In den Krisensymptomen zeichnet sich
schon der Wandel ab – vorausgesetzt,
wir verstehen die Botschaft.

Wie aber können wir den Wandel vorantreiben? Und wohin wird er uns führen? Was kommt danach? Manche meinen, dass es nicht nur ein einziger großer Wandel sei, der uns bevorsteht. Sie sind überzeugt, dass sich alle Systeme
und Subsysteme verändern werden, und zwar gleichzeitig. Nichts bleibt davon unberührt – weder die Art und Weise, wie wir zusammenleben, noch die
großen Fragen nach einem neuen politischen und ökonomischen System.
Auch die Wissenschaften tragen dazu bei, unsere Sicht auf die Welt zu verändern. Der Psychotherapeut und Klangheiler Tom Kenyon nennt zum
Beispiel neuere Forschungstendenzen in Physik und Medizin, in denen
ganzheitliche Ansätze an Bedeutung gewinnen. Diese Impulse können wir
aufnehmen, wenn wir sie als Zeichen verstehen:

Wir erleben gerade ein großes Abenteuer, einen
simultanen Wandel aller Bereiche. Das fordert uns zu
neuen Entscheidungen heraus. Wenn wir die richtigen
Entscheidungen treffen, ist der Weg frei zu einem Leben,
das für alle segensreich sein wird. Tom Kenyon

Für Tom sind die vielen verwirrenden Krisensymptome Teile eines großen,
kosmischen Puzzles – wir müssen es nur richtig zusammensetzen. Dann erkennen wir den Sinn und sehen ein wunderschönes Bild: kosmische Harmonie. Das Problem sei nur, dass wir uns sozusagen in kleine Kästchen eingesperrt hätten und uns auf diese Weise beschränkten. »Raus aus den
Kästchen!«, so lautet sein Appell.
Ich habe das Glück, dass ich die absolute Gewissheit spüre: Wenn sich etwas
gut anfühlt, dann ist es auch das Richtige, und dann wird für mich gesorgt.
Dann fällt alles wirklich wie ein Puzzle ineinander, weil jeder von uns eine
Aufgabe hat, deretwegen er gekommen ist. Wenn er diese Aufgabe nicht
ernst nimmt und dem nicht vertraut, dann wird er wahrscheinlich in einem
Büro mit Stechuhren hängen bleiben und nie wirklich glücklich sein.

*Ich glaube, dass die Zeiten vorbei sind, in denen wir uns ein unerfülltes Leben schönreden können.*

Wir sollten stets noch mutiger werden, einen Schritt aus unserem Leben herausgehen und schauen: Was ist wirklich meine Bestimmung? Mit welchen noch verborgenen Gaben kann ich die Evolution der Menschheit beflügeln? Manche Menschen ändern sich noch, wenn sie weit über 50 sind oder sogar jenseits der 60. Plötzlich machen sie etwas, das sie erfüllt und das wirklich gut für sie ist.

Verschanzen wir uns nicht länger in unserer kleinen, abgeschotteten Welt. Reißen wir die Grenzen ein, die wir selbst errichtet haben. Diese entstehen, wenn wir den Überzeugungen folgen: »Das schaffe ich nicht. Das traue ich mir nicht zu. Ich habe Angst vor etwas Neuem. Ich bleibe lieber innerhalb meiner gewohnten Grenzen.« Das ist nur natürlich. Von Kind an wird uns ja gesagt, was wir tun und lassen sollten. Täglich ermahnt man uns, wir müssten uns anpassen. Auch ich habe mich lange angepasst. Habe Erwartungen erfüllt, statt mich zu fragen, was ich wirklich will, was mich glücklich macht. Ich ließ mich auf eine bestimmte Rolle festlegen und wusste nicht, dass wir unendlich viele Rollen spielen können.

Jede noch so kleine Veränderung, die wir uns zutrauen, verwandelt uns und trägt zum Wandel der Welt bei. Ist es nicht genau das, was mit dem Begriff der Evolution gemeint ist? Evolution ist ein langsamer Prozess vieler kleiner Entwicklungen. Dann aber geschieht etwas Neues.

Die Evolution vollzieht sich zunächst in graduellen Veränderungen. Doch plötzlich kommt es zu einem Kulminationspunkt aller dieser Veränderungen – und dann ist ein umfassender Wandel da. Kiara Windrider

Kiara spürt, dass dieser Wendepunkt unmittelbar bevorsteht. Er sagt ihn voraus, weil er darin die Auswirkung eines galaktischen Zyklus sieht, der alles Leben auf der Erde steuert. Für Kiara steht fest: Wir schwingen in einem kosmischen Rhythmus, in dem sich im Abstand von mehreren Tausend Jahre große Dinge ereignen. Jetzt ist es wieder so weit, dass dieser Rhythmus den Impuls zu einem einschneidenden Wandel hervorruft. Aber wie können wir uns solch einen kosmischen Impuls genauer vorstellen? Welche Kräfte wirken auf uns ein? Und wie spüren wir sie?

Wir alle können unser Energiefeld reinigen. Dann haben wir die Fähigkeit, die Energien des Wandels und des Neuaufbaus in den großen Transformationsprozess einfließen zu lassen.

## VERANTWORTUNG ÜBERNEHMEN

Diese Bewusstseinsübung kann der Auftakt zu einer ganz neuen Haltung sein. Sie besteht darin, einen ganzen Tag lang darauf zu achten, ob jemand uns braucht. Das heißt: Einen Tag lang übernehmen wir Verantwortung für das, was in unserem unmittelbaren Umfeld geschieht. Du kannst zum Beispiel im Supermarkt an der Kasse den älteren Herrn vorlassen, der sichtlich erschöpft in der Warteschlange steht. Oder du sprichst eine Mutter freundlich und verständnisvoll an, die sich schämt, weil ihr Baby den ganzen Bus zusammenschreit. Verantwortung beginnt mit Achtsamkeit. Jemand braucht dich. Immer. Du musst nur bereit sein, das zu erkennen.

# Erwachende Potenziale

Ich bin immer wieder fasziniert, wenn mir bewusst wird, welche Potenziale in einem einzigen Menschen stecken. Das kann man gut bei Kindern beobachten: Ihr Wissensdurst und ihre Fähigkeiten sind nahezu unbegrenzt. Sie malen, singen, tanzen, basteln, klettern, sie interessieren sich für alles, was sie umgibt. Jeden Tag haben sie 1000 Fragen. Warum ist der Himmel blau? Wie funktioniert eine Rakete? Müssen wir alle sterben? Warum ist Obst gesünder als Schokolade? Wo wohnt Gott?

Mein Sohn bestürmt mich täglich mit solchen Fragen. Und täglich wundere ich mich, was er mit seinen acht Jahren alles weiß, alles kann, was er sich zutraut. Verglichen damit, wirken die meisten Erwachsenen wie verkümmert. Sie fragen nicht mehr. Sie trauen sich nichts mehr zu. Sie haben einen Beruf erlernt, sich in ihrem Leben eingerichtet und gehen mehr oder weniger den immer gleichen Tätigkeiten nach. Das unglaubliche Spektrum ihres Menschseins leben sie jedoch nicht aus. Was sie vergessen haben: Wir alle tragen ein unendliches Potenzial an Fähigkeiten, Begabungen, Empfindungen und Wahrnehmungen in uns.

Warum nutzen wir so wenig davon? Warum beschränken wir uns irgendwann nur noch auf einen winzigen Ausschnitt unserer Möglichkeiten? Ein wichtiger Grund dafür ist, dass wir uns als Erwachsene über Funktionen definieren. Wir fokussieren uns auf die Dinge, die wir im Beruf tun, und auch im Privaten lassen wir nur zu, was von uns erwartet wird. Alles andere blenden wir aus.

Durch unsere göttliche Herkunft haben wir aber so vieles in uns, was nur darauf wartet, erweckt zu werden. Es war immer da. Im Grunde entdecken wir neuerdings nur ein Potenzial, das nie aufgehört hat zu existieren. Unsere Substanz, unser Erbgut, ist immer noch die gleiche wie zu Zeiten, als die Menschen noch in Harmonie mit dem Kosmos lebten.

Unser Körper hat sich in den vergangenen 100 000 Jahren praktisch nicht verändert. Was sich verändert hat, ist nicht unsere DNA, sondern die Art und Weise, wie wir sie in der heutigen Zivilisation einsetzen. Ervin László

Mit anderen Worten: Wir haben die gleichen Körper, die gleiche DNA wie unsere ältesten Vorfahren. Wir besitzen noch immer die physischen und mentalen Voraussetzungen, um unser Denken und Handeln im Sinne des Weltganzen einzusetzen. Deshalb können wir jederzeit zurückfinden in die ethische Lebensweise früherer Kulturen. Wir haben alles in uns, was wir dafür brauchen.

Dass bislang so wenige ihr volles Potenzial nutzen, ist nach Ervins Auffassung nur ein Zwischenspiel, eine Fehlentwicklung. Auf den ersten Blick sei sie uns förderlich gewesen, weil wir daran glaubten, dass die Macht Einzelner und ganzer Gesellschaften dem Fortschritt diene. Die Beherrschung der Natur und der Menschen erschienen als Sieg, und er wurde ausgiebig gefeiert. Die Folgen sehen wir heute. Aber es gibt jetzt schon starke Gegenbewegungen. Ervin nennt unter anderem Künstler und Kreative, die Friedensbewegung und die Umweltaktivisten. Wer sich für Freiheit, Frieden und Umwelt engagiert, zeigt damit den Wechsel vom gefangenen zum erwachten Bewusstsein.

Mit einem erwachten Bewusstsein werden wir viele Probleme lösen, die jetzt noch unüberwindlich scheinen.

Wir werden es tun können, weil wir das alte Denken hinter uns lassen. An seine Stelle rückt das transformierte Bewusstsein. Wir sollten uns immer wieder klarmachen, dass es in jedem von uns angelegt ist und nur auf seine Erweckung wartet.

Wenn ich vom alten Denken spreche, dann meine ich damit vor allem die Vorherrschaft des rationalen Verstands. Das Zeitalter, in dem wir leben, hat uns den Blick für vieles verstellt. Ratio, Logik und Kalkül sind gefragt, Wahrnehmen, Fühlen und intuitives Verstehen werden beiseitegedrängt. So spalten wir uns vom Ganzen ab und sehen nur noch unseren Teilbereich. Wir merken nicht, dass wir ein brutales System der Tierquälerei unterstützen, wenn wir zu einem eingeschweißten Stück Fleisch im Supermarkt greifen. Wir begreifen nicht, dass wir der gesamten Menschheit schaden, wenn wir Mitmenschen schlecht behandeln. Mit starrem Blick auf unser unmittelbares Umfeld gehen wir an der Tatsache vorbei, dass jede noch so kleine Handlung immense Auswirkungen hat.

Das betrifft natürlich auch die übergeordneten Bereiche, die Eingriffe von Politik, Ökonomie und Verwaltung. Hier ist das alte Denken schmerzhaft präsent. Die Entscheidungen erfolgen kurzsichtig und ohne Bewusstsein für ihre globale Dimension.

Denken allein kann die Probleme der Zeit nicht mehr lösen. Jede vermeintliche Lösung kreiert viele neue Probleme. Es gibt keine Alternative zu einer anderen, ganzheitlichen Sichtweise. Kiara Windrider

Das erwachte Bewusstsein ist der einzige Ausweg aus den Labyrinthen des alten Denkens. Das neue Denken ist vernetzt. Es respektiert, dass alles mit allem verbunden ist, weil alles aus energetischen Schwingungen und Frequenzen besteht. Wer sich das neue Denken zu eigen macht, übernimmt automatisch Verantwortung, Er ist sich seiner Rolle im übergeordneten Energiesystem bewusst und nimmt intensiv wahr, wie sich sein Verhalten auswirkt. Ich habe es ja schon geschildert: Als mir bewusst wurde, dass ich zum Tierquäler werde, wenn ich Fleisch aus konventioneller Züchtung kaufe, ließ ich es sofort bleiben. Und als mir bewusst wurde, dass ich die Welt vergifte, wenn ich andere respektlos behandle, wurde ich achtsam für jedes Wort und jede Geste. Ich hatte verstanden, dass ich eine Aufgabe habe: aktiv am Bewusstseinswandel mitzuarbeiten.

Doch wie können wir in diesen Zustand höheren Bewusstseins gelangen? Was hilft uns, aus dem alten Denken auszubrechen? Wir schaffen es zum Beispiel, wenn wir unsere Intuition schulen. Wenn wir auch die Dinge wahrnehmen, die nicht sichtbar und nicht rational erklärbar sind. Spirituelle Lehrer nennen es Gewahrsein: das absolute Sein im Jetzt, offen für alles, was auf uns einströmt. Es muss daher auch um eine Bewusstseinserweiterung gehen.

Im alten Denken zählt nur das, was wir mit unseren fünf Sinnen wahrnehmen und mit unserem Verstand erfassen. Doch, wie eben erwähnt, tragen wir immer noch dieselbe DNA in uns wie die Menschen hochstehender, vergangener Kulturen. Sie hatten übersinnliche Fähigkeiten. Sie nahmen alle Schwingungen wahr und konnten sich mit den Kräften des Kosmos verbünden. Sie waren voll bewusst. Das verlieh ihnen unerschütterliche Stärke und die harmonische Einbindung in das kosmische Energiefeld.

Manche schauen mit Skepsis auf solche Fähigkeiten. Sie fürchten, dass es sich dabei um Aberglauben, wenn nicht Schwindel handle. Sie denken, dass nur wirklich sein kann, was wissenschaftlich beweisbar ist. Aber hat nicht schon Shakespeare gesagt, es gebe »mehr zwischen Himmel und Erde, als unsere Schulweisheit sich erträumen lässt«?

Das standardisierte Wissen beruht darauf, dass wir nur akzeptieren, was wir mit unseren Sinnen erfassen können. Aber da ist noch mehr. Wir können das Dach zum Himmel öffnen. Wir können Informationen erhalten, die jenseits von Sinnen und Verstand existieren. Ervin László

Ich liebe Ervins Formulierung, wir könnten »das Dach zum Himmel öffnen«. Ich denke oft daran, wenn ich wie aus dem Nichts eine Inspiration erhalte. Dann habe ich Eingebungen, die weder einer Sinnesempfindung noch dem Nachdenken entspringen. Die Inspiration ist einfach da, als hätte es sie immer schon gegeben. Sie wird mir als Geschenk dargeboten. Dafür muss ich mich nur in einen Bewusstseinszustand bringen, in dem ich mich ganz bewusst dem Jetzt hingebe, ohne Wollen, ohne Anstrengung.

Ervin nennt diesen besonderen Zustand transpersonales Bewusstsein. Seit ich es selbst erlebt habe, weiß ich, was er damit meint. In Momenten größter Inspiration bin ich tatsächlich an ein höheres Energiefeld angeschlossen. Ich empfange kostbare Informationen, die mir und meiner Arbeit zugutekommen – und damit allen Menschen. Ich öffne mich dem großen, universalen Informationsspeicher, in den wir unsichtbar eingebettet sind. Der Biologe Rupert Sheldrake nennt diesen Speicher morphogenetisches Feld. Andere sprechen von Akasha, »unified field«, »the divine Matrix«, »Quantum hologram«, wissendem Feld oder Weltwissen.

> Wir sind umgeben von einem Energiefeld unbegrenzter Informationen. Es ist da und es ist für uns alle da. Von dort gelangen die besten Inspirationen zu uns. Wir müssen nur unser Bewusstsein dafür bereit machen, es erweitern.

Alle alten Kulturen kannten den Zugang zum wissenden Feld. Deshalb suchten sie nach Möglichkeiten, ihr Bewusstsein zu erweitern. Sie wussten: Nur so konnten sie die lebensnotwendigen Informationen empfangen, um ihren Alltag zu bewältigen. Sie glitten in diesen besonderen Zustand durch Praktiken wie Tanzen, Meditation, Gebet, auch durch die Einnahme bewusstseinserweiternder Drogen. Noch heute nehmen viele schamanistische Heiler spezielle Pilze oder Kräutertränke zu sich, bevor sie Kranke behandeln. Dann sehen sie mehr als die äußere Hülle ihrer Patienten. Sie können direkt in die Seele schauen, Krankheitsursachen erkennen und heilende Handlungen vornehmen.

All das kann geschehen, wenn das Bewusstsein so stark erweitert ist, dass es tatsächlich zum transpersonalen Bewusstsein wird. Dann ist nicht mehr das Individuum mit seiner eigenen Geschichte, seinen Gedanken und Meinungen präsent. Stattdessen wird das Bewusstsein zum Empfänger des Weltwissens. Es profitiert von Erfahrungen und Erkenntnissen, die sich über Hunderttausende von Jahren angesammelt haben.

Wir haben prinzipiell immer die Möglichkeit, tief ins universale Feld einzutauchen. Die Menschheit hat im Laufe ihrer Geschichte stets solche Erfahrungen gemacht, viel stärker als in der Moderne. Heute unterdrücken wir diese Erfahrungen, weil wir sie nicht für möglich halten. Ervin László

Wir besitzen also das nötige Sensorium, wir nutzen es nur nicht. Aber wir können es schulen, mit Wahrnehmungsübungen, die das Bewusstsein erweitern. Beginnen können wir damit, dass wir zeitweise nur einen unserer fünf Sinne in den Fokus nehmen. Wie riecht es in einer U-Bahn? Was ist das genau für eine Mischung aus Gerüchen und Düften? Oder wir konzentrieren uns auf Geräusche und Klänge. Was höre ich, wenn ich an einer Kreuzung stehe? Motorenlärm, Hupen, eine Fahrradklingel, Gespräche – was noch? Naturwissenschaftler weisen schon länger darauf hin, dass wir nur einen Bruchteil dessen nutzen, was uns mitgegeben wurde. Darüber sprach ich mit dem schamanistischen Heiler Maika Suneagle auf Hawaii. Seine Ausstrahlung ist unglaublich, voller Liebe, voller Energie. Er wirkt auf mich wie jemand, der seine Potenziale voll auslebt.

Wissenschaftler schätzen, dass wir nur fünf Prozent unseres Gehirns und nur fünf Prozent unserer genetischen Anlagen nutzen. Die restlichen 95 Prozent schlafen. Wir befinden uns also alle in einem tiefen Schlaf. Stell dir vor, was passieren würde, wenn wir aufwachen! Maika Suneagle

Wenn man bedenkt, vor welchen Herausforderungen wir heute stehen – was für eine Verschwendung, dass wir so wenig von unserem Potenzial nutzen! Wir brauchen neue Ideen, wir brauchen Visionen eines neuen Miteinanders der Menschenfamilie und nebenbei sind noch einige Probleme zu lösen. Doch was tun wir? Wir schlafen. Das Leben zieht wie ein undeutlicher Traum an uns vorüber.

Mit dem erwachenden Bewusstsein wird sich das ändern. Denn nicht nur unsere Wahrnehmungen und Erkenntnisse werden völlig anders sein, auch unsere Potenziale werden aktiviert werden. Wir werden kreativer sein, wir werden Unbekanntes entdecken, wir werden voller Energie sein. Wir werden uns in unserer Ganzheit erfahren, nicht nur in kleinen Ausschnitten.

Jeder sollte sich fragen: Was steckt wirklich in mir?
Welche Gaben habe ich noch nicht ausgelebt?
Wie kann ich mich weiterentwickeln?

Neuere Theorien über Genialität belegen, dass außergewöhnliche wissenschaftliche und künstlerische Leistungen nur zu einem kleinen Teil oder sogar gar nicht durch unsere Gene festgelegt werden. Vielmehr ist es so, dass Ausnahmepersonen wie Einstein, Mozart oder Picasso unermüdlich an bestimmten Begabungen gearbeitet haben. Hätten sie es nicht getan, so wären sie durchschnittlich geblieben. Doch sie haben ein gewisses Potenzial an sich entdeckt und gefördert, manchmal wurde es auch von außen gefördert.
Es ist wie in der Geschichte von Arjuna: Zuerst müssen wir verstehen, dass wir das Cello bereits mit uns tragen. Und dann müssen wir darauf üben, um eine göttliche Musik erklingen zu lassen. Wir können alle Künstler, Erfinder und Visionäre sein. Unser Potenzial ist so unendlich wie das Universum.

Die Anzahl der Neuronen in unserem Gehirn
übersteigt die Zahl bekannter Sterne im Kosmos.
So, wie das Bewusstsein sich entwickelt und die kreative
Herausforderung für das Gehirn größer wird, entstehen neue
neuronale Vernetzungen – und das alles ist als Potenzial in
unserem Hirn angelegt. Wir befinden uns buchstäblich auf
der Spitze einer unermesslichen Fülle möglicher neuronaler
Verbindungen, deren Fülle so groß wie das Universum
selbst ist. Tom Kenyon

Der Physiker und Philosoph Dieter Broers meint denn auch, dass unser Potenzial einfach nur eingeschaltet werden müsste – und dass genau das gerade passiert.

Daran solltest du bei dem folgenden Tool denken. Es gibt dir ein Gespür dafür, dass du das meiste in dir noch gar nicht freigelegt hast. Wir sollten immer fragen: Hallo, Leben, was bietest du mir? Denn wenn ich das Gleiche immer wieder tue, kann ich mich nicht entwickeln. Letztlich kann mir gar nichts Schlimmeres passieren, als 40 Jahre lang dasselbe zu erleben.

Tool 22

### POTENZIALE ERKUNDEN

Setze dich an einen energetisch positiven Ort. Nun versetzt du dich in deine Kindheit. Versuche, dich zu erinnern, was dir damals die größte Freude gemacht hat. Hast du aus Stühlen und Bettlaken gern verrückte Verstecke gebaut? Hast du gern gemalt? Gern aus Matsch oder Knete Figuren geformt? Warst du glücklich, wenn du dich zu einer Musik bewegt hast? Oder hattest du Spaß an Sprache, an Abzählversen und Reimen? Reise zurück in diese Welt. Stelle dir vor, dass du eines dieser Dinge heute zum Vorschein bringst. Träume dich als Architekt, als Maler, als Bildhauer, als Tänzer oder Komponist, als Dichter, als wirkmächtiger Redner. Stelle es dir bildlich vor.

Jetzt überlege, was du heute mit größter Freude tust. Würdest du es tun, wenn du so viel Geld hättest, dass du nicht mehr arbeiten müsstest? Könnte es dein Lebensinhalt sein? Dein größtes Glück? Wenn ja, überlege weiter. Welche Gaben stecken noch in dir?

# Die globale Transformation

*Der kollektive Erkenntnisprozess schreitet unaufhaltsam voran.*

Das erweiterte Bewusstsein ist ein kollektives Bewusstsein. Es überwindet die Grenzen zwischen dem Ich und dem Wir. Das alles bleibt aber graue Theorie, wenn wir es nicht fühlen. Wir müssen es erfahren, tief in uns. Dann spüren wir, dass wir einem großartigen universellen System aus Energien und Informationen angehören.

Aber ist es nicht seltsam, dass uns dies meist verborgen bleibt? Warum ist das Bewusstsein nicht einfach da? Warum müssen wir erst danach suchen, uns ihm zuwenden, um es lebendig und kraftvoll wahrzunehmen? Darüber habe ich lange mit Dieter Broers diskutiert. Er meint:

Im Allgemeinen werden sich Menschen erst ab dem dritten Lebensjahr ihrer selbst bewusst. Vielleicht sind sie bis dahin in Welten zu Hause, die wir überhaupt noch nicht erfassen können. Mit der Selbsterkenntnis wird der Schleier des Vergessens über diesen Zustand gelegt. Erst wenn wir reifer sind, können wir uns dem vergessenen Weltwissen wieder zuwenden. Ohne ein erwachtes Bewusstsein würde es uns überfordern. Dieter Broers

Diese Aussage hat mich verblüfft. Aber Dieter hat recht: Wenn wir im unerwachten Zustand Eingebungen und Visionen hätten, könnten wir gar nichts damit anfangen. Wir würden diese Erfahrung achtlos beiseiteschieben oder sie sogar für niedere Zwecke missbrauchen. Daraus folgt, dass wir bestimmte Bewusstseinsphasen durchlaufen müssen, um innerlich zu reifen.

Dieter hat bei dem griechischen Philosophen Heraklit eine kluge Definition der verschiedenen Bewusstseinszustände gefunden. Heraklit unterscheidet zwischen Unbewusstheit, Tagesbewusstsein und erwachtem Bewusstsein. Erst im dritten Stadium können wir uns in unserer Ganzheitlichkeit wahrnehmen.

*Wir erkennen, wer wir wirklich sind.*
*Wir erleben das,*
*was man Erleuchtung nennt.*

Für Heraklit war das ein individueller Prozess. Dieter jedoch sieht diese Entwicklung als etwas, das jetzt die gesamte Menschheit erlebt. Unbewusstheit bedeutet, dass man sich zum Spielball herrschender Mächte macht. Damit wird es bald vorbei sein. Er sieht es in den vielen Gegenbewegungen zum Mainstream. An der »We are 99 Percent«-Bewegung, an den »Occupy Wall Street«-Protesten, an den vielen alternativen Gruppierungen, die zunehmend Einfluss gewinnen.

Der kollektive Erkenntnisprozess schreitet unaufhaltsam voran. Dieter machte die Erfahrung, dass es gerade die Manager und Banker sind, die sich neuerdings für das erwachte Bewusstsein interessieren. In Dieters Vorträge und Workshops strömen zunehmend Menschen, für die solche Themen noch vor kurzer Zeit tabu waren. Offenbar haben sie festgestellt, dass sie mit ihrem kalkulierenden Verstand nicht mehr weiterkommen. Die Welt ist unberechenbar geworden, und das Bewusstsein für eine ethische Verantwortung lässt sie immer häufiger zögern, wenn sie Entscheidungen treffen müssen.

Für mich sind diese Aussagen ein klares Anzeichen dafür, dass der Bewusst-
seinswandel jetzt auch Menschen erreicht, denen man es nicht zugetraut hätte. Sie haben sich anstecken lassen vom neuen Denken. Sie können sich der
Tendenz zur spirituellen Transformation gar nicht mehr entziehen. Das wird
früher oder später zu einem Bewusstseinssprung führen, wie Dieter es nennt.
Danach wird unsere Erde nicht mehr dieselbe sein. Sie wird wieder im besten
Sinn bewohnbar sein, erfüllt von erschaffenden, positiven Gedanken. Unser
Planet wird geheilt werden, kraft des erweiterten Bewusstseins seiner Bewohner – so, wie der Schamane im Zustand des erweiterten Bewusstseins
große Heilkräfte freisetzt. Und das alles ist schon da!

Wir bestehen aus sehr vielen unterschiedlichen Ebenen.
Wir haben sogar mehrere Körper: den physischen, den mentalen,
den emotionalen und den ätherischen Körper. Darüber liegen
mehrere Schichten des Seelenkörpers. Erst wenn wir uns all dieser
Ebenen bewusst sind, verbinden wir uns mit unserem höheren
Selbst, unserer Göttlichkeit. Dann werden wir zum Lichtkörper
auf einer sehr hohen Frequenz. Kiara Windrider

Das mag etwas hochgegriffen klingen – doch wenn wir darüber nachdenken, dass wir bisher gerade mal nur fünf Prozent unserer Möglichkeiten nutzen, dann muss geradezu Unglaubliches in uns schlummern. Unsere Hirnkapazitäten und unsere DNA sind noch nicht einmal ansatzweise ausgeschöpft. Sogar unser Zellsystem wird sich verändern, prophezeit Kiara. Wir werden Dinge vollbringen können, die wir uns nie zugetraut haben. Dinge, die wir im Traum manchmal erleben, wo alle Naturgesetze aufgehoben sind. Im Traum können wir fliegen, auf Drachen reiten, wundersame Taten vollbringen.
Es ist ein großes Abenteuer, wenn wir unser Leben aus diesem Blickwinkel betrachten. Die Welt ist ein riesiger Spielplatz, und ich kann auf sehr vielen Spielplätzen spielen, wenn ich mich loslöse von der Vorstellung, ich sei geprägt von meinen Genen und meiner Erziehung. Deshalb ist es etwas Wunderschönes, Dinge auszuprobieren, die ich noch nie gemacht habe. Dann bekomme ich ein Bewusstsein dafür, dass in uns ein unendliches Universum der Möglichkeiten liegt.

Es ist unsere Bestimmung, dass wir ein Potenzial
in uns erwachen lassen, das göttlich ist.

Wir existieren zwar als Menschen auf dieser Erde, aber wir stammen alle aus dem einen großen Energiefeld, dessen göttliche Kraft das Leben auf unserem Planeten entstehen ließ. Durch das erweiterte Bewusstsein haben wir Zugang dazu. Der nächste Evolutionsschritt wird sein, dass wir unsere Göttlichkeit im irdischen Leben verwirklichen. Das Bewusstsein ist ein großartiges Instrument, wenn wir es zu nutzen wissen. Dann führt es uns in die Fülle ohne Beschränkungen. Beginnen müssen wir bei uns selbst. Wir sollten also in den Spiegel schauen und fragen: Was wolltest du schon immer tun? Was macht dir Freude? Welche Fantasien warten darauf, endlich ausgelebt zu werden?

Wir sind so vielfältig. Wir bestehen nicht nur aus dem, was wir sehen und verstehen. Da ist noch viel mehr, was wir erforschen können. Gott ist nicht in fernen Galaxien verborgen, an einem gedachten höheren Ort. So, wie das Paradies immer hier ist, ist auch Gott immer hier, bei uns und in uns. Wir müssen Gott nicht suchen, wir müssen ihn auch nicht verleugnen, er existiert, weil wir existieren. Wir sind seine Manifestation.

Mellen-Thomas Benedict hat dies während einer Nahtod-Erfahrung gespürt. Er war eineinhalb Stunden klinisch tot und währenddessen machte er die wunderbare Erfahrung, wie er in ein strahlendes Licht ging.

Als ich zum ersten Mal dem Licht gegenüberstand, dachte ich: Vielleicht gibt es einen Gott, auch wenn ich nicht mal an ihn glaube – oder hat das meine ganzen Probleme verursacht? Wie jeder gute Atheist bestritt ich die Existenz Gottes. Aber dann kam das Licht, und ich fragte es: »Bist du Gott?« Das Licht antwortete: »Ich kenne dich ganz genau, ich bin die Über-Seele, die Quelle allen Seins.« Und wenn die Quelle zu dir spricht, verstehst du sie sofort, ohne jede Verwirrung.« Wieder fragte ich: »Bist du Gott?« Und das Licht antwortete: »Wer oder was ist nicht Gott?« Da verstand ich, dass jede einzelne Erscheinung, jedes Ding im Universum Gott ist. Das befreite mich. Mellen-Thomas Benedict

Je mehr ich über die Bewusstseinsevolution erfuhr, desto aufmerksamer wurde ich auch für meine eigenen göttlichen Potenziale. Ich probierte mich aus, machte neue Erfahrungen, lernte mich selbst ganz anders kennen. Je mutiger ich wurde, desto stärker wuchs der Impuls in mir, dies alles weiterzugeben. Nicht nur an Freunde und Bekannte, nein, an so viele Menschen wie möglich. Ich wollte nicht nur selbst erwachen, ich wollte den globalen Transformationsprozess mit allem unterstützen, was in mir war. Dazu fiel mir ein Satz von Eckart Tolle ein: »Du bist hier, um die Entfaltung der göttlichen Absicht des Universums zu ermöglichen. So wichtig bist du!«

Und plötzlich konnte ich Dinge, die ich vorher nicht für möglich gehalten hatte: in unzugängliche Zonen dieser Erde reisen, Interviews führen, einen abendfüllenden Film auf die Beine stellen, um meine Erfahrungen mit möglichst vielen Menschen zu teilen. Manchmal sagt man, ein Mensch »wachse über sich hinaus«. Genau das passierte mir. Ich war mit höheren Kräften im Bunde.

> An diesem Punkt meiner Reise verstand ich: In Wahrheit gibt es niemanden außer mir, der mich von meinem göttlichen Potenzial trennt. Es schien so, als hätte ich endlich die Tools gefunden, um die Verbindung mit Gott wiederzugewinnen.

Allerdings war ich auch überrascht von diesem völlig neuen, revolutionären Blickwinkel. So überwand ich zum Beispiel hohe Hürden organisatorischer und finanzieller Art. Ich traf Menschen, die mich unterstützten. Ich begegnete Lehrmeistern, die mir ihre ganze Aufmerksamkeit und Liebe gaben. Irgendwo in Österreich hatte ich angefangen, von diesem Filmprojekt zu träumen, und die ganze Welt schien nur darauf gewartet zu haben. Von überall her erhielt ich Hilfe, um noch mehr von mir zu zeigen, noch mehr von meinen ungenutzten Potenzialen ans Licht zu bringen. Was ich erlebte, war ganzheitlich: Alles und alle vernetzten sich zu einer beglückenden Erfahrung. Unsere Zivilisation hat die Macht und die Techniken, alles zu vernichten. Wenn aber die guten, aufbauenden Potenziale zum Vorschein kommen, können wir alles erschaffen, was wir uns wünschen. Wir werden die Energie dazu zur Verfügung haben, weil sich unser Körper ebenfalls evolutionär entwickelt. Er ist dann nicht nur eine Hülle, sondern unser Medium, durch das wir Bewusstseinserfahrungen machen. Diese Evolution hat gerade erst begonnen.

Es ist so faszinierend, dass das Bewusstsein neue Körper erschaffen wird. Jede einzelne Zelle verhält sich ja wie ein Körper. Und so, wie sich einst aus den Einzellern erst Amphibien entwickelten, dann Reptilien, Vögel und schließlich Säugetiere, wird auch unser Zellsystem komplexer werden. Das geschah schon bei der Entwicklung vom Homo erectus über den Neandertaler bis zum Homo sapiens. Die nächste Stufe der Evolution wird der ganzheitlich bewusste Mensch sein: der Homo universalis. Barbara Marx-Hubbard

Während ich Barbara zuhörte, dachte ich: Welche Potenziale wird wohl dieser Homo universalis besitzen und verwirklichen? Zweifellos wird er eine göttliche Schaffenskraft in sich aktiviert haben. Und in gewisser Weise, so Barbara, wird er sich selbst neu erschaffen – mithilfe seines erwachten Bewusstseins. Alle Ebenen des Körpers werden sich dabei verändern, auch der emotionale, der mentale und der ätherische Körper. Barbara sagt auch voraus, dass sich unser sozialer Körper ändern wird, also die Art und Weise, wie wir miteinander umgehen. Das ist nur konsequent, denn als universale Menschen fühlen wir eine ganz andere Verbundenheit.

Das ist es, was ich eben versucht habe zu beschreiben, als ich über mein Filmprojekt sprach. Die Verbindung mit anderen erwachten Seelen geschah unwillkürlich. Wir fanden einander, weil unsere Energiefelder miteinander kommunizierten, vielleicht sogar unsere Zellsysteme.

Wenn wir beginnen, unsere Potenziale auf der Basis des erwachten Bewusstseins auszuleben, vernetzen wir uns unwillkürlich mit Gleichgesinnten, ja, mit allem, was existiert. Wir werden zum Homo universalis.

Schon in früheren Zeiten hat man sich danach gesehnt. Manche hofften auf ein Goldenes Zeitalter, andere warteten auf die Rückkehr des Messias, wieder andere auf die kollektive Himmelfahrt. Die Vorstellung, dass wir als universal verbundene Wesen leben werden, bedeutet etwas anderes. Denn jetzt sind wir selbst es, die diesen Prozess bewusst herbeiführen und beschleunigen. Nicht durch Hoffen oder Nachdenken, sondern allein durch unser Bewusstsein.

Kiara Windrider geht davon aus, dass die Menschheit dabei vier Stadien durchläuft. Diese wurden vor gut 100 Jahren von dem indische Weisen Sri Aurobindo beschrieben. Im ersten Stadium ging es nur um das nackte Überleben. Im zweiten Stadium kamen Geist und Verstand hinzu, außerdem die seelische Energie. In diesem Zustand agierte aber noch jeder für sich allein, ohne Bewusstsein für seine Verbindung mit Natur und Universum. Die Emotionen wurden stärker, was oft als unangenehm empfunden wurde, und viele fühlten sich unglücklich. Das dritte Stadium ist durch das erwachte Bewusstsein charakterisiert. Dies ist die Phase, in der das göttliche Potenzial frei wird. Wir erkennen, wer wir sind, und der denkende Geist wird vom kosmischen Geist abgelöst. Danach aber, prophezeit Sri Aurobindo, wird noch ein viertes Stadium kommen: Dann wird es keine lineare Zeit mehr geben, und die Menschen werden ein multidimensionales Bewusstsein haben.

*Im vierten Stadium werden wir eine völlig neue Realität entdecken, weil wir mit unserem multidimensionalen Bewusstsein viel mehr wahrnehmen können. Dies ist der Moment, in dem wir das erschaffende Bewusstsein erlangt haben werden. Dann wird sich eine planetare Evolution ereignen.* Kiara Windrider

In welchem Stadium wir uns jetzt gerade befänden, wollte ich von ihm wissen. Er schätzte es so ein, dass wir unmittelbar vor dem dritten Stadium stehen, also kurz vor der göttlichen Erleuchtung. Es werde daher noch ein Weile dauern, bis wir Vollkommenheit erreichen, als Lichtwesen, für die Zeit, Raum und Verstand keine Grenzen mehr ziehen. Dann erst werde sich unsere Bestimmung erfüllen. Vielleicht werden wir nicht einmal mehr Körper haben, sondern als reines Licht existieren. Dann können wir in andere Dimensionen reisen und wir werden unsterblich sein – befreit von Krankheit, Alter, Tod und Wiedergeburt.

Ist das nur eine Vision? Kiara glaubt, dass die Bewohner von Atlantis das vierte Stadium schon erreicht hatten. Mit ihren Lichtkörpern seien sie in andere Welten und Dimensionen eingetaucht. Sie hätten ein kollektives Bewusstsein entwickelt, das ihnen diese grandiosen Eigenschaften verlieh. Doch auch die heutige Menschheit können sich bereits dem Licht öffnen und sich transformieren.

Wir sind nicht unser Körper. Wir sind nicht unser Geist und auch nicht unser Verstand. Wir sind dazu bestimmt, als reine Lichtwesen unser gesamtes Potenzial zu entfalten. Dies wird eine Wiedergeburt sein, und der Mensch wird strahlender und schöner neu auf die Welt kommen als jemals zuvor. Er wird von Liebe erfüllt sein, der stärksten aller Energien. Dies sagten schon die Maya, die Hopi-Indianer und viele andere hochstehende Kulturen voraus. Unsere Herzen und Seelen werden miteinander sprechen, und die Kommunikation wird ganz direkt sein, ohne Hindernisse und Missverständnisse. Ängste, Neid und Zweifel werden verschwinden.

Das folgende Tool öffnet das Bewusstsein für das universale Feld. Es hilft, wenn man bereits Erfahrungen mit Entspannungstechniken hat, da der Übergang zur »höheren Wahrnehmung« dann leichterfällt.

### AUF DIE STILLE LAUSCHEN

Eckart Tolle schreibt: »Sogar wenn wir von Lärm umgeben sind, existiert zwischen den Geräuschen und unter all diesem Lärm Stille. Lausche auf die Stille. Damit erschaffst du sofort die Stille in dir. Du nimmst einen Raum wahr, wo keine Gedanken mehr sind, nur noch reines Bewusstsein.«

Schritt 1: Lege dich an einen Platz, an dem du dich sicher fühlst.

Schritt 2: Entspanne nacheinander alle Teile deines Körpers: dein Gesicht, deine Hände, deine Arme, deinen Bauch, deine Beine.

Schritt 3: Atme regelmäßig und entlasse alle Gedanken und Gefühle.

Schritt 4: Jetzt horche auf die Stille. Sie ist da. Absolute Stille, absolute Ruhe. Atme in diese Stille hinein.

Schritt 5: Du bist Licht und Energie. Du bist reines Bewusstsein.

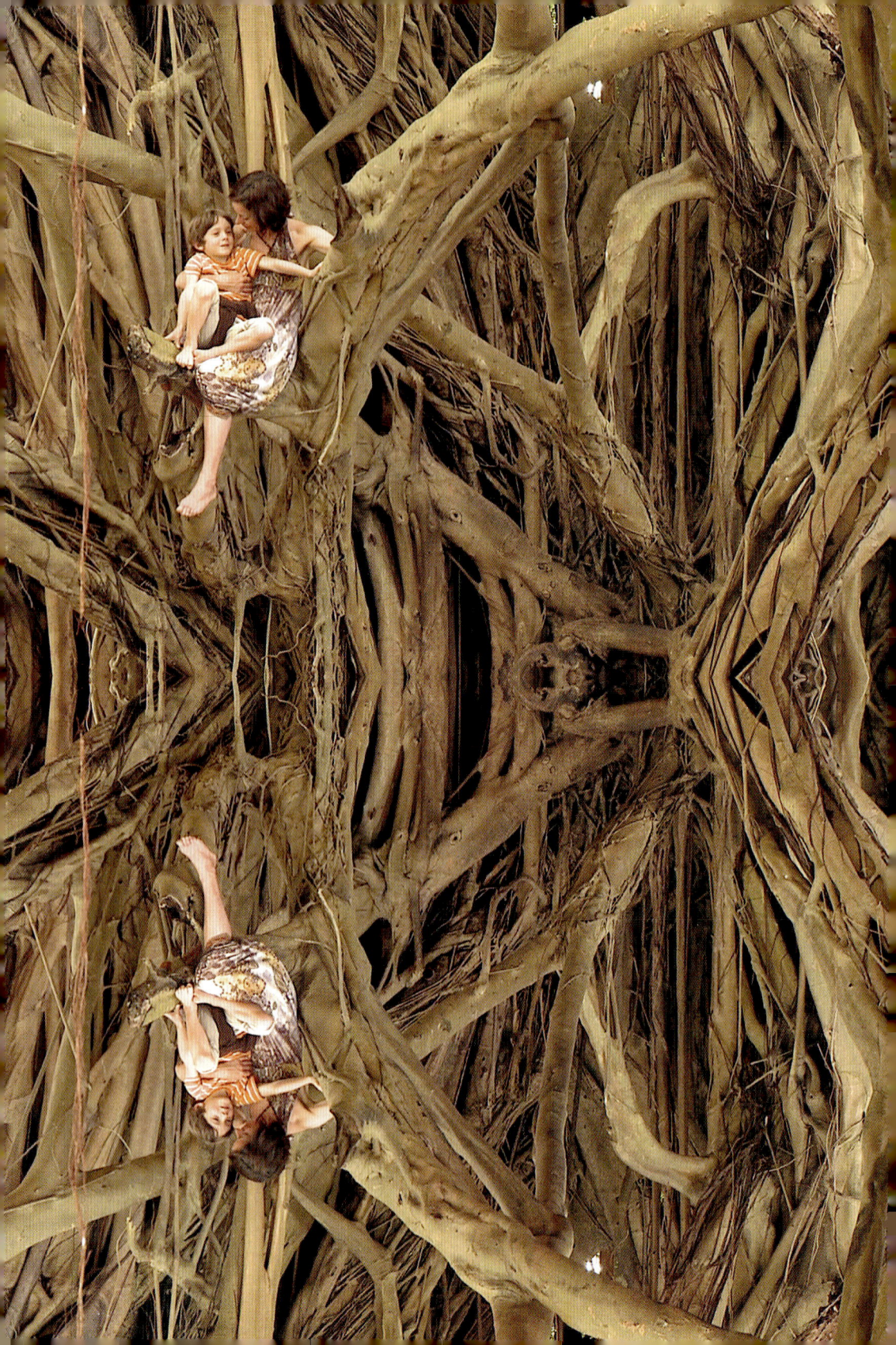

# Kapitel 6

# Wir manifestieren eine neue Erde - jetzt!

# Die Weisheit des Herzens

*Unser intuitives Wissen ist das Kostbarste, was wir besitzen.*

Es ist eine beglückende Gewissheit, dass die Bewusstseinsevolution der Menschheit eine neue Erde erschaffen wird, ein Leben in Liebe, Respekt und Verantwortung. Die alten Glaubenssätze werden demaskiert, werden fallen. An ihre Stelle wird die Weisheit des Herzens treten, eine ganz neue Form göttlicher Intelligenz.

Es war für mich eine lebensentscheidende Entdeckung, dass ich Zugang zu dem universalen Wissen habe. So erweckte ich alle meine schlummernden Kräfte. Ich entzündete meinen göttlichen Funken! Ich war auf einer »göttlichen Reise«, wie Neale Donald Walsch es formulierte: auf einer Reise, »die für immer fortdauern wird«.

Das alte Denken mit seinen notorischen Strukturen des Vergleichens und Bewertens machte einer anderen Form des Denkens Platz: Es war die Intuition, die Weisheit des Herzens. Wir müssen nur anerkennen, dass sie in uns ist. Denn sie ist der perfekte Wegweiser für alle unsere Entscheidungen. Nur so können wir das erwachte Bewusstsein ausleben und das Überleben der Menschheit unterstützen. Die neuere Wissenschaft hat Erkenntnisse darüber, dass diese ganz spezifische Herzensintelligenz zweifelsfrei in uns existiert.

Natürlich wissen wir das im tiefsten Inneren. Wir sprechen davon, dass unser »Herz aufgeht«. Wir sprechen auch von unserem »Bauchgefühl«. Der Bauch ist der Sitz unserer Gefühle und steht in direktem Kontakt mit unserem Herzen. Meist spüren wir es unwillkürlich, sobald wir eine dunkle Vorahnung haben. Dann sagen wir: »Ich habe ein komisches Gefühl im Bauch.« Dummerweise trauen wir aber oft mehr dem Verstand als dem Bauchgefühl. Obwohl wir eine ungute Vermutung bei einer Entscheidung haben, findet der Verstand 1000 rationale Gründe, um das Gefühl zu widerlegen. So unterdrücken wir das intuitive Wissen aus Jahrtausenden des Menschseins. Wir greifen nicht darauf zurück, obwohl es das wertvollste Erfahrungswissen ist, das uns gegeben wurde.

Die Zellen deines Herzens sind, evolutionär gesehen, viel älter als die Zellen deines Gehirns. Dein Herz ist gleichbedeutend mit der Weisheit des Universums und es ging dem Gehirn um Jahrmillionen voraus. Mellen-Thomas Benedict

Schon verrückt, dass wir dies vergessen haben. Viele Menschen meinen ohnehin, das Herz sei nur eine Metapher für sentimentale Gefühle. Sie sprechen dann abfällig von »Herz-Schmerz-Romanen« oder denken an Dichter, die der Angebeteten »ihr Herz schenken«. Gefühle, so wirkmächtig sie auch sind, stehen nicht besonders hoch im Kurs. Im alten System sind sie eher hinderlich, denn wer rein rational handelt, kann sich der Zustimmung der Strukturfanatiker sicher sein.

Das Problem ist, dass wir dadurch zu Automaten werden, die alle Entscheidungen so kühl und logisch treffen wie eine Rechenmaschine. Ein Investmentbanker an der Wall Street, der wissentlich die Getreidepreise hochtreibt, verdrängt das Gefühl, dass er damit Hungersnöte in den ärmsten Regionen der Welt auslöst. Ein Bauer, der das Land mit Pestiziden vergiftet, hört nicht mehr auf das Gefühl, dass er damit ein Stück Erde langfristig tötet. Würde man ihm das sagen, so würde er solche Einwände vermutlich als »sentimentalen Quatsch« abtun und eine Kosten-Nutzen-Rechnung dagegenhalten.

Das Herzgefühl ist der Leuchtturm, nach dem wir ethische Entscheidungen ausrichten.

Diese moralischen Entscheidungen sind aber nicht sentimental oder weltfremd. Sie stammen aus dem universalen Wissen, das letztlich das Überleben im Blick hat. Auch wenn der Einzelne seinen Vorteil sucht, für das große Ganze ist die Herzensintelligenz auch eine Überlebensintelligenz. Sie wählt intuitiv das Erschaffende, nicht das Zerstörende. Und sie ist so organisiert, dass dabei alles andere als diffuse Emotionen eine Rolle spielt. Schauen wir tiefer, dann entdecken wir eine hochintelligente Struktur.

Wir besitzen im Grunde tatsächlich so etwas wie ein zweites Gehirn, dessen Leistung dem Verstand in nichts nachsteht. Sein Zentrum ist im physischen Sinne das Herz. In dem Buch *Heartmath Solution* von Doc Childre und Howard Martin fand ich folgende interessante Erläuterung:

> Biologen fanden heraus, dass das menschliche Herz sein eigenes, unabhängiges Nervensystem besitzt. Es ist ein komplexes System, das »das Gehirn des Herzens« nennt. Es gibt mindestens vierzigtausend Neuronen – also Nervenzellen – im Herzen, so viele wie in den Bereichen des Gehirns, die unter der Hirnrinde liegen. Die Signale, die vom Herzen zum Gehirn gesendet werden, beeinflussen viele Gehirnareale wie beispielsweise die Amygdala, den Thalamus und den Cortex. Doc Childre und Howard Martin

Wenn man sich dies bewusst macht, kann man ermessen, wie schwer es uns letztlich fallen muss, diese Signale zu unterdrücken. Wir können darin den übermächtigen Vorrang unserer Verstandeskultur sehen. Sie unterbindet das natürliche Zusammenspiel von Herz und Hirn, wie es in uns angelegt ist. Wenn wir jetzt noch berücksichtigen, dass unser Herz der Sitz von Liebe und Mitgefühl ist, liegt auf der Hand, wie wichtig die Weisheit des Herzens für unsere spirituelle Entwicklung ist.

Hören wir auf unser Herz,
sind wir in der Liebe.
Hören wir auf unseren Verstand,
dann grenzen wir uns ab.

Das Herz- und auch das Bauchgefühl sind als liebende Grundgefühle die Quelle all dessen, was wir erschaffen möchten. Unser Verstand kann sich nur vorstellen, was wir uns ausdenken. Das Herzgefühl aber hat als liebendes Gefühl die Kraft, eine authentische Empfindung Wirklichkeit werden zu lassen. Oft treten dann Herz und Verstand in Konkurrenz, denn der Verstand ist ein »Verhinderer«, der Advokat des Zweifels und der Einwände. Er ist wie eine innere Kontrollinstanz, die uns limitiert.

Esther Kochte hat das mit einem schönen Beispiel beschrieben, in dem der innere Dialog zwischen Bauchgefühl und Verstand deutlich wird:

> Wenn der Kopf sagt »Ich will Ferrari fahren« und der
> Bauch sagt »Du Loser wirst nie einen Ferrari fahren«,
> dann werden wir tatsächlich nie Ferrari fahren. Der Bauch
> braucht erst das Gefühl: Ja, ich bin wertvoll! Und wenn
> der Bauch das hat, dann braucht der Kopf auch meist
> gar keinen Ferrari mehr. Esther Kochte

Ist das nicht eine wunderbare Pointe? Diese Transformation eines Wunsches, der vom Bauchgefühl sanft korrigiert wird? Für mich besteht nicht der geringste Zweifel, dass wir nur mit der Intelligenz des Herzens eine neue Erde kreieren werden. Denn alles, was wir aus dem Herzen heraus tun, trägt in sich die gelebte Liebe, das gelebte Mitgefühl, die gelebte Solidarität eines tiefen Verbundenseins.

Ein eindrucksvolles Beispiel dafür ist der Lebensweg von Agung Prana. In einer Vision, die er in einem Tempel auf Bali hatte, bekam er die Inspiration, auf einem Küstenabschnitt, der durch rücksichtslose Dynamitfischerei und ökologisches Unwissen weitgehend ausgebeutet war, ein Retreatzentrum zu eröffnen. Er ließ das Riff mit einer Spezialkonstruktion aus riesigen Körben wiederaufbauen. Ich selbst hatte das Vergnügen, dort das Spiel bunter Fische zwischen den neu gewachsenen Korallen zu beobachten. Vom ersten Tag an gelang Agung Prana alles. Er baute das Hotel, das mittlerweile Dutzende Menschen aus seinem Dorf beschäftigt. Und schon bevor es überhaupt eröffnet wurde, strömten Menschen zu ihm, die dort unbedingt wohnen wollten. Es war, so sagt er selbst, als sei er gesegnet. Aber man könnte auch sagen, dass er kosmische Unterstützung hatte, weil er in der Liebe war.

*Auf den Dingen, die wir aus dem Herzgefühl der unbegrenzten Liebe heraus tun, ruht ein Segen. Alles gelingt, wenn wir der universalen Weisheit des Herzens folgen.*

Agung hat eine ganz einfache Maxime: Er kann nicht glücklich sein, wenn er damit andere unglücklich macht. Das unterscheidet ihn vom Wall-Street-Banker, das unterscheidet ihn vom Bauern, der das Land mit Pestiziden besprüht. Auf Bali lernte er eine Sichtweise kennen, die darauf beruht, dass alle von einer Entscheidung profitieren. So lernte er, Herz und Verstand in die richtige Balance zu bringen: Das Herz hat Priorität, der Verstand ist nur ein nützliches Werkzeug, um die Weisheit des Herzens zu verwirklichen.

Das Erstaunliche – oder eben gar nicht Erstaunliche – ist, dass er damit so großen Erfolg hat. Alles fliegt ihm förmlich zu, als ob höhere Mächte ihn unterstützen, das Gute zu tun und alle daran teilhaben zu lassen.

Die Arbeit, die wir tun, kommt aus dem Herzen und aus der Intuition. Das ermutigt mich und gibt mir die Kraft, aus dieser Haltung heraus mein Leben und meine Arbeit zu bewältigen. Weil ich ein sozial orientierter Unternehmer bin, der immer den Nutzen für alle im Blick hat, wird meine Arbeit so geschätzt, und deshalb steht sie unter einem guten Stern. Ich habe zwölf Preise als sozial eingestellter Unternehmer bekommen. Die Leute waren beeindruckt, wie wir die menschlichen Ressourcen entwickelten und die Allgemeinheit an dem Erfolg teilhaben ließen. Also folge deinen Träumen und deinem Herzen bei allem, was du tust.
Agung Prana

In seinem Umfeld hat Agung so etwas wie ein Modell der neuen Erde geschaffen: ein Unternehmen, das alle Beteiligten positiv unterstützt, das die Gäste mit hineinnimmt in den Geist des Erwachens, das die Umwelt schont und damit das Wohl des großen Ganzen im Kleinen verwirklicht.

Die Arbeit von Agung ist einer der vielen Schritte, die Menschen mit einem erwachten Bewusstsein jetzt unternehmen. Sie tun es kraftvoll und mit großer Ausstrahlung auf ihr Umfeld. Das sollte jedem Einzelnen von uns zu denken geben. Wir sollten uns fragen:

> Was kann ich tun, um die Vision von
> einer neuen Erde zu verwirklichen?
> Welches Projekt eignet sich dazu?

Die Unterstützung wird uns sicher sein, wenn wir unser Leben auf diese Weise ausrichten. Auch ich habe ja erlebt, wie sich plötzlich von allen Seiten helfende Hände ausstreckten, um mein Filmprojekt Wirklichkeit werden zu lassen. Die positive Energie des Herzens erzeugt eine Resonanz – darüber werde ich gleich noch ausführlicher sprechen. Sie zieht alles an, was sich in den Prozess des Erwachens integrieren möchte.

Ich träume davon, dass überall auf der Welt solche visionären Inseln entstehen, deren Anziehungskraft größer und größer wird, bis diese Inseln schließlich zusammenwachsen und eine neue Erde formen. Wir werden in unserem eigenen Traum erwachen, und er wird die Realität sein. Die Energien dafür werden wir aus unserer Herzensweisheit erhalten.

Dir wurde dein Herz gegeben, damit du den tieferen Sinn deiner Wahrheit verstehst. Das Herz befindet sich in einem Raum, in dem du dein höheres Sein visualisieren kannst. Deine Gefühle werden dadurch auf eine höhere Eben gebracht, und dadurch stehen dir auch Energien aus dieser höheren Sphäre zur Verfügung. Wenn du auf der höheren Ebene bist, erkennst du viel leichter die Bedürfnisse der Menschen, mit denen du umgehst, und du wirst sie nicht mehr als Widerspruch zu deinem eigenen Leben empfinden. Eric Pearl

Erschaffen wir eine neue Erde. Träumen wir sie und wachen wir in diesem Traum auf, glücklich und befreit. Um dies zu verwirklichen, können wir uns mit einer Meditation darauf vorbereiten. Es ist ein Tool, das wir am besten täglich anwenden, um unser Herzzentrum zu öffnen. Dann wird uns bewusst, dass wir aus Licht und Energie bestehen und dass unsere Kräfte grenzenlos sind.

Thomas Young, der diese Meditation entwickelte, erzählte mir, dass sie unter anderem von den Naskapi-Indianern am Polarkreis angewendet wird. Sie haben noch immer eine intensive Verbindung zu ihrem Herzen. Auf den einsamen Wanderungen durch menschenleere Schneelandschaften sprechen sie mit einem Wesen in ihrem Herzen, das sie Meister Peio oder »den großen Mann« nennen. Dieses Wesen mag es nicht, wenn man lügt, wenn man jemanden betrügt oder in anderer Weise respektlos handelt. Die Indianer sprechen auf ihren Wanderungen mit dem »großen Mann«, und in ihren Träumen spricht er zu ihnen.

Tool 24

### DENKE MIT DEM HERZEN

Dies ist eine Meditationsübung, die unser Herz von der Vorherrschaft des kalkulierenden Verstands befreit. Am besten absolvierst du sie morgens und abends. Sie sorgt dafür, dass dein Gehirn und dein gesamtes System gewissermaßen neu »verkabelt« wird – es ist dann verbunden mit dem Herzen und lässt das Herz zum Zentrum des Fühlens und Handelns werden. Mit der Zeit wird dies deine zweite Natur werden, und du kannst dich darin entspannen.

Schritt 1: Setze dich entspannt hin und lege die Hände auf die Knie mit nach oben gerichteten Handflächen.

**Schritt 2:** Atme tief und regelmäßig, bis deine Gedanken verschwinden und du im Jetzt bist.

**Schritt 3:** Mache dir bewusst, dass du Teil des Kosmos bist. Visualisiere dich selbst als einen Licht- und Energiefluss, der alles durchströmt und von allem durchströmt wird.

**Schritt 4:** Aktiviere nun nacheinander die Eigenschaften deiner Herzensintelligenz.

»Ich spüre das Mitgefühl und die Empathie für alles, was ist.«

»Ich spüre die tiefe Harmonie zwischen mir und allem, was ist.«

»Ich spüre die Gegenwart der umfassenden Heilung.«

»Ich spüre das Gefühl bedingungsloser Liebe.«

# Das Prinzip der Resonanz

*Es gibt keinen Retter außer uns selbst.*

Als ich erwachte und damit meinen selbst gewählten Winterschlaf ein für alle Mal beendete, fühlte ich mit aller Macht: Es war Zeit, meinen Kokon zu verlassen, diesen Zustand der Lähmung und der Passivität. Und genau in diesem Moment erreichte mich das wichtigste Tool, das wir brauchen, wenn wir uns wieder dem Leben zuwenden: Das Gesetz der Anziehungskraft, auch bekannt als »Law of attraction«. Oder, mit anderen Worten: Ich lernte, eine Zauberin zu werden.

Ich wurde im besten Sinne des Wortes eine Magierin, weil ich die Magie der energetischen Resonanz kennenlernte. Ganz am Anfang des Buches haben wir ja schon gesehen, dass wir genau die Realität bekommen, die wir aufgrund unserer Gedanken und Glaubenssätze erwarten. Doch dieses Prinzip können wir auch umdrehen: Alles, was wir mit liebenden Gedanken träumen, wird zur Wirklichkeit.

Die Realität zu kreieren, das ist nichts anderes als die Idee, dass wir die Dinge erschaffen, die wir zulassen und die sich dann in unserem Leben manifestieren. Zugleich strahlen wir damit eine positive, aufbauende Energie aus, die andere positive Energien anzieht – so, wie es Agung Prana mit seinem Hotelprojekt erlebte. Wie von einem Magneten angezogen, trafen immer mehr Menschen bei ihm ein, die sein Projekt unterstützen und mitgestalten wollten.

Das Gesetz der Anziehungskraft beruht auf der Tatsache, dass wir ohnehin aus Energie und Information bestehen. Beides ist nicht abhängig von Raum und Zeit, weil es universale Kräfte sind. Mit der Energie unseres Herzens können wir daher sogar Menschen erreichen, die weit weg von uns leben, ja, die wir nicht einmal kennen.

Diese universale Energie besitzt eine bestimmte Frequenz. Durch sie können wir alles in unser Leben ziehen, was mit unserer Schwingung harmoniert.
Niurka

Wir müssen uns also fragen, in welcher Weise wir schwingen. Sind da Wut und Angst in uns? Oder Liebe und Mitgefühl? Wenn ich auf mein bisheriges Leben zurückblicke, erinnere ich mich nur zu gut an die Phasen, als ich von Ärger, Wut und Angst bestimmt war. Und es passierte genau das, was dem Gesetz der Resonanz entsprach: Ich zog immer mehr davon in mein Leben. Ärgerte ich mich, traf ich lauter Menschen, die genauso unausgeglichen und aggressiv waren wie ich. Es kam zu Missstimmigkeiten mit meinen Auftraggebern und zu Konflikten mit Moritz. Hatte ich Angst, ereigneten sich genau die beängstigenden Dinge, die ich befürchtet hatte: Aufträge platzten, ich verpasste wichtige Termine, und die Probleme wurden immer größer.

Seit ich in Vertrauen und Liebe lebe, sind die Manifestationen niederfrequenter Schwingungen verschwunden.

Ich ziehe einfach keine Menschen und Erlebnisse mehr an, die negativ oder zerstörerisch sind. Und grenzt das nicht wirklich an Zauberei? Doch es war einfach so, dass ich mein Energiefeld gereinigt hatte. In mir sprudelte wieder die nie versiegende Quelle kosmischer Energie und sie wirkte unübersehbar nach außen.

Ruediger Dahlke vergleicht die Energien, die wir aussenden, und die Realität, die wir damit erschaffen, mit einem Spiegel. Ein wunderbares Bild, durch das wir begreifen, wie stark wir alles formen, was wir berühren.

Die Welt ist wirklich unser Spiegel. Ich sehe mich und spiegle mich in all dem, was draußen ist. Das wird uns morgens bei der Morgentoilette durchaus bewusst. Da schauen wir hinein in diesen Spiegel, und uns ist völlig klar, dass das griesgrämige Gesicht unseres ist – wir fangen ja auch nicht an, den Spiegel zu schminken, denn wir wissen: Der Spiegel ist eine Projektionsfläche für unser Gesicht. Kaum sind wir aber raus aus dem Bad, haben wir das vergessen. Da sagen wir dann zu jemandem: Warum bist denn heute so grantig? Wir realisieren nicht mehr, das wir nur unseren eigenen Ärger spiegeln. Ruediger Dahlke

Für dieses Phänomen der Resonanz gibt es ein altes Sprichwort: »Wie man in den Wald hineinruft, so schallt es heraus.« Wir bekommen, was wir geben. Oder noch drastischer: Wir bekommen, was wir zu geben bereit sind. Die Energien ändern sich sofort, je nachdem, wie wir uns aufgrund unseres

Energielevels verhalten. Wenn ich Moritz aufgrund meiner Überforderung und meiner Stressgefühle anschrie, musste ich mich nicht wundern, dass er zurückschrie. Aber es gilt eben auch das Gegenteil: Wenn ich ihn mit aller Liebe und Sanftheit anspreche, antwortet er mir in der gleichen Stimmung. Alles, was wir erleben, beruht auf Resonanz. Das ist deshalb so wichtig, weil viele unglücklich sind und sich ein besseres Leben wünschen. Sie hoffen auf das einschneidende Erlebnis von außen, das mit einem Schlag alle ihre Probleme löst. Doch die Lösung kann nur von innen kommen mithilfe transformierter Energien.

Was wir uns ersehnen, kann nur funktionieren, wenn wir mit der Energiequalität, die wir dem Gewünschten beimessen, in absoluter Resonanz stehen. Aus Mangel kann nur Mangel resultieren – nach dem Resonanzprinzip. Das ist immer spiegelbildlich zu verstehen: Wenn ich glücklich bin, dann passieren mir glückliche Dinge, wenn ich unglücklich bin, unglückliche Dinge. Esther Kochte

In dem Moment, in dem wir unsere Glaubenssätze auflösen und unsere Schatten im Licht des Bewusstseins betrachten, aktivieren wir ein unermessliches Potenzial guter Energien. Dann können wir alles Belastende in Liebe und Demut entlassen und genau das Leben führen, von dem wir immer geträumt haben. Neue Menschen werden uns begegnen, die unser erwachtes Bewusstsein spiegeln. Sie verstärken den Zauber der neuen Freiheit und sorgen dafür, dass wir uns immer weiter entwickeln können.

Es ist ein Trugschluss, zu glauben, wir könnten unerlöst durchs Leben gehen, mit Schuldgefühlen und Ängsten beladen, und dürften trotzdem auf Erlösung hoffen.

Es gibt keinen Retter außer uns selbst. Wir tragen die Verantwortung für unser Leben. Diese Erkenntnis ist so grundlegend, dass wir sie aufschreiben und als Mantra an den Badezimmerspiegel kleben sollten. So werden wir jeden Tag daran erinnert, wie schön und beglückend der Spiegel sein kann, in den wir schauen.

Die Energien, von denen ich spreche, durchfluten alles, was ist. Wir können sie weder abschotten noch ihnen aus dem Wege gehen. Sie sind da und sie manifestieren sich. Auch wenn wir Masken tragen und anderen eine Komödie vorspielen, wird niemandem entgehen, welche Energien wir ausstrahlen. Selbst wenn wir lächeln, spürt der andere, ob wir ihn lieben oder hassen. Selbst wenn wir jemandem ein wunderschönes Geschenk machen, wird er wahrnehmen, ob es von Herzen kommt oder ob es eine bloße Pflichtübung ist.

Wir haben keine Firewall. Nichts von dem, was wir denken und fühlen, bleibt in unserem inneren Orbit. Wir koppeln es ungefiltert ins morphogenetische Feld ein – in genau der Form, wie wir es denken und fühlen. Man kann das mit dem Signal eines Radiosenders vergleichen. Dabei ist entscheidend, mit welcher Intensität dieses Signal gesendet wird. Insofern ist unser Gehirn eigentlich nichts weiter als ein elektromagnetischer Sender und Empfänger. Die Sendeleistung aber wird definiert durch unsere Gefühle. Wenn ich irgendeinen Gedanken einfach so dahindenke ohne jedes Gefühl, dann habe ich auch eine sehr geringe Sendeleistung. Lege ich aber eine große Emotion hinein, dann habe ich eine entsprechend hohe Sendeleistung. Dieter Broers

Starker Hass wird deshalb auch ebenso starken Hass provozieren, unendliche Liebe aber ebenso unendliche Liebe. Wir sind keine abgegrenzten Wesen, sosehr wir uns auch zurückziehen oder sogar verstellen. Der innerliche Trennstrich, den viele zwischen sich und anderen ziehen, um sich zu schützen oder weil sie sich schämen, ist eine Illusion. Als ich das begriff, war es, als hätte mir jemand einen Schleier vor den Augen weggezogen.

Meine Idee, dass ich von allem abgetrennt existieren könnte, war eine Schimäre, ein Wahrnehmungsirrtum.

Würden wir nicht alle viel achtsamer mit unseren Gedanken und Gefühlen sein, wenn uns das bewusst wäre? Würden wir nicht in jedem Augenblick alles dafür tun, Liebe und Verständnis auszustrahlen? Auch im Bus, in der U-Bahn, im Supermarkt? Hat nicht jeder unsere Liebe und unseren Respekt verdient?

Das war das große Aha-Erlebnis meiner Reise: Ich bin vernetzt, immer und ohne Pause. Es gibt keine künstlichen Trennungen. In jedem Moment meines Lebens bin ich Sender und Empfänger. Diese Erkenntnis formuliert auch Arjuna Ardagh: »Das Erwachen ist keine Folge davon, dass ich etwas loswerde. Es ist die Erkenntnis, dass die Grenze nie existiert hat.«

Das universale Energiesystem ist charakterisiert durch Vernetzung und Verbundenheit. Deshalb können wir auch alle Ego-Strategien loslassen, wie Arjuna sagt. Wir können auf das lauschen, was jenseits des Egos liegt:

Jahrhundertelang haben wir das Wort »Ich« benutzt und deshalb von »meinem Leben«, »meinem Auto«, »meinem Geld« und »meiner Beziehung« gesprochen. Richten wir also unsere Aufmerksamkeit auf unser Selbst. Der Klang des Selbst ist da. Wer hört ihn? Versuche, es herauszufinden. Nicht intellektuell, sondern intuitiv. Müssen wir denken, um den Klang zu hören? Müssen wir uns anstrengen oder eine Entscheidung treffen, um es zu tun? Gibt es deiner Erfahrung nach eine Verzögerung zwischen dem Sound und deiner Wahrnehmung? Vielleicht entdeckst du jetzt, dass dieses intuitive Hören ohne Gedanken abläuft, es ist zeitlos und anstrengungslos. Der Klang, werter Freund, bist du. Arjuna Ardagh

Dem Klang des Selbst zu lauschen ist eine gute Energieübung. So verstärken wir die guten Energien und ziehen immer mehr das in unser Lebens, was wir uns aus tiefstem Herzen wünschen. Wir sollten alle den Mut haben, uns von Wunschvorstellungen zu lösen, die nur aus alten Programmen bestehen. Wir sollten in uns gehen und uns fragen: Was ist es wirklich, das mein Herz liebt? Dann wünsche ich mir nichts mehr, um erlernte Erwartungen zu erfüllen, sondern genau das, was wirklich authentisch ist und wobei mein Herz aufgeht.

Dies ist eine energetische Haltung, die uns durchaus mit Neuem überraschen wird. Es kann sein, dass man die Menschen, mit denen man vielleicht viele Jahre verbracht hat, seien es Freunde oder Familie, plötzlich infrage stellt. Wenn ich meine Frequenz verändere, dann ziehe ich automatisch andere Wesen in mein Leben. Sosehr ich meine alten Freunde schätze: Mein Freundeskreis hat sich im Laufe meiner Reise komplett verändert. Und ich liebe die Wesen, mit denen ich jetzt unterwegs bin. Wir haben so viel Spaß zusammen! Es ist eine Art von Freude, die aus der Gemeinsamkeit kommt, aus der Übereinstimmung unserer Energien.

> Man sollte ruhig den Mut haben, die Reise
> ins Erwachen zu beginnen, ohne zu wissen,
> mit wem man unterwegs sein wird.

Es geht natürlich nicht darum, bewusst jemanden abzulehnen oder auszugrenzen. Aber die Prioritäten verändern sich von ganz allein. Das ist keine Frage des Verstands oder der Bewertung, es ist ein natürlicher energetischer Prozess. Manchmal kann es auch zur Trennung von alten Freundschaften kommen, weil sie mich ständig mit alten Glaubenssätzen und Programmen konfrontieren. Wenn ich dadurch zu mir finde, kommen ganz von selbst Menschen in mein Leben, die dem, was ich jetzt geworden bin, entsprechen und den Weg mit mir gehen. Das alles beruht auf Resonanz.

Erwachen und Transformation bedeuten, dass ich mir bewusst werde: »Okay, ich hatte diese Programme, aber sie sind nicht ich.« Der erste Schritt ist, wieder die Hoheit über sich selbst zu gewinnen und zu sagen: »Okay, wenn ich meine Wirklichkeitswahrnehmung selbst erschaffe, dann kann ich sie auch verändern!« Niurka

Wir sollten jeden Tag dankbar sein, dass wir dabei unterstützt werden. Jeden Tag können wir unseren Energielevel erhöhen, weil wir hochfrequente Energien anziehen, in dem Maße, wie wir uns entwickeln. Das Bewusstsein für diese Energien können wir schulen. Dafür gibt es ein Tool: eine Meditation, bei der wir die neue Erde erschaffen.

### ERSCHAFFE DIE NEUE ERDE

**Schritt 1:** Setze dich aufrecht an einen ruhigen Platz, an dem du dich wohlfühlst. Schließe deine Augen und spüre, wie dein Atem durch deine Nase ein- und ausströmt. All deine Gedanken dürfen wie durch ein Fenster aus dir hinausfliegen.

**Schritt 2:** Atme das Gefühl von FREUDE ein und visualisiere, wie sich in deinem Herzen eine leuchtende Kugel formt, die du mit jedem Atemzug wie einen Ballon weiter aufbläst. Du füllst diese Kugel mit jedem Atemzug mit Dankbarkeit.

**Schritt 3:** Schicke diese Kugel nun zum Zentrum der Erde und warte, bis die Erde dir ihre Liebe zurückschickt. Und sie wird dir immer Liebe zurückschicken, denn sie ist nichts als Liebe und liebevoll.

**Schritt 4:** Als Nächstes schickst du deine mit Dankbarkeit gefüllte Liebeskugel ans Universum. Warte, bis du spürst, dass du in Liebe »geduscht« wirst. Jetzt bist du in Liebe mit der Erde und dem Universum verbunden.

**Schritt 5:** Nun wirst du zu einem kraftvollen Schöpfer: Visualisiere, wie die Erde in Harmonie aufblüht – alle Geschöpfe leben in Frieden und Respekt miteinander und mit der Erde. Wir sind alle in der Liebe angekommen. Visualisiere weiter, wie du dir das Paradies auf Erden vorstellst. Du bist dabei, es in diesem Moment zu erschaffen.

# Die universale Liebe

*Liebe ist nicht nur ein beglückendes Gefühl, sondern auch eine Herausforderung.*

Während meiner Reise hatte ich eines Nachts einen wunderschönen Traum. Alles war mit allem verbunden, alles war eins – ich, die Menschen, die Tiere, die Natur, Gott. Ich fühlte mich wie in einer riesigen magischen Kugel, in diesem schönen Raumschiff namens Erde, in der eine einzige große Energie pulsierte. Ein Gefühl unendlicher Liebe durchströmte mich, so wie bei der Meditation »Erschaffe die neue Erde«.

Als ich aus meinem Traum erwachte, hielt das Gefühl an. Ich war im doppelten Sinne aufgewacht: in meinem Traum, der zur Realität geworden war. Ich konnte lieben, grenzenlos und bedingungslos. Und ich wusste: Dieses Gefühl ist es, das die neue Erde erschaffen wird.

Die neue Erde wird frei von Angst sein. Denn Angst und Liebe sind das genaue Gegenteil. Wenn ich Angst habe, so ist dies letztlich die Angst, nicht geliebt zu werden. Bin ich aber in der Liebe, so habe ich keine Angst mehr – vor nichts. Wir kennen dieses Gefühl, Berge versetzen zu können, wenn wir frisch verliebt sind. Wir könnten die Welt umarmen, wie es so schön heißt. Später mögen die Ängste kommen, den Partner wieder zu verlieren, doch im ersten Moment sind wir berauscht von der Unendlichkeit der Liebe.

Diese Empfindung der Verliebtheit ähnelt dem Grundgefühl universaler Liebe. Doch sie ist kein Rausch und sie ist auch nicht vorübergehend: Sie hält an und wird zum Motor unseres Denkens und Handelns.

Angst ist das Gegenteil von Liebe. Haben wir Angst, dann
verkrampfen und verengen wir uns. Spüren wir Liebe, dann weiten
wir uns und wir fühlen uns entspannt, voller Freude. Wenn du
dieses Gefühl in eine größere, allumfassende Liebe transzendierst,
nennen wir das erleuchtet oder göttlich. Wir sind transzendente
Wesen und wir sollten uns immer an die göttliche Herkunft unserer
Seelen erinnern – nicht in arroganter oder selbstverliebter Weise,
sondern mit der Gewissheit, dass wir diese Göttlichkeit teilen und
dass jedes menschliche Wesen Zugang dazu hat. Thomas Young

Wenn wir die neue Erde erträumen, ändert sich unser gesamtes Verhalten.
Wir sind im Jetzt, doch wir spüren auch, dass dieses Jetzt mit jedem kleinen
Detail der Beginn von etwas Neuem ist. Die alten Programme verlieren ihren
Sinn, und wir entwickeln ein Sensorium für all das Liebenswerte, das uns
umgibt. Jeder Handgriff wird ein Liebesdienst. Jede Begegnung erleben wir
in Freude, ohne Erwartungen und ohne Bewertungen.

Diese vorurteilslose Haltung baut nebenbei gesagt viel Stress ab. Im Kapitel
über die Sabotagemechanismen hatte ich ja über den inneren Widerstand
gesprochen, in dem viele leben. Ablehnung und Verurteilung nehmen sehr
viel Kraft weg. Wir müssen Energie mobilisieren, um uns abzutrennen, weil
das nicht unserer natürlichen Veranlagung entspricht.

> In Liebe leben bedeutet erschaffen. Und dabei werden sehr
> viele Energien frei, die durch Abgrenzungen gebunden waren.

Alle Abwehrbewegungen des ängstlichen Egos kommen zum Erliegen, denn
wir wissen, dass wir mit einer liebevollen Haltung nichts mehr verlieren
können, sondern daran wachsen und innerlich reicher werden. Wir müssen
weder angreifen noch uns verteidigen.

Wenn man sich bewusst macht, wie viel Leid durch Abgrenzungen entsteht,
kann man ermessen, was das konkret bedeutet. Ich denke zum Beispiel an das
Mobbing, das so vielen Menschen die Hölle auf Erden bereitet. Sie kapseln
sich ab, werden krank und prägen eine massive Lebensangst aus. Diese Acht-
losigkeit und Aggression gehören zu den schlimmsten Erscheinungen unserer
fehlgeleiteten Kultur. Jetzt haben wir die Chance, uns einander zuzuwenden.

Was ich auf dem evolutionären Weg der Menschheit entdeckte, war die Art und Weise, wie sich unsere Beziehungen verändern. Wir entfernen uns immer mehr vom egoistischen Selbst und nähern uns dem essenziellen Selbst, das durch eine höhere Macht erweckt wird. Und dieses Selbst ist reine Liebe. In dem Maße, in dem ich diese Essenz in mir zulasse, kann ich die Liebe auch nach außen zeigen. Das Herz öffnet sich und du entdeckst diese Essenz auch in anderen. Alles, was du vielleicht darüber gelesen hast, wird Realität, und du entwickelst dein göttliches Potenzial. Barbara Marx-Hubbard

Wie stark die Liebe transformieren kann, lernte ich, als ich Mutter wurde. Mein altes Leben wurde komplett auf den Kopf gestellt, aber dadurch konnte ich auch das Leben neu entdecken. Ich erlebte bewusst mit, wie ein Wesen auf den Planeten kam und noch ganz rein war, nur aus der Sehnsucht nach Liebe bestehend. Moritz war frei von Bewertungen, frei von Programmierungen. Als er seine ersten Schritte machte und zu sprechen begann, ist mir so viel klar geworden: Aha, da passiert jetzt ein Labeling. Ich achtete sehr darauf, wie ich mit ihm umging, weil ich voller Liebe war.

Aus dieser Liebe heraus spürte ich eine neue Verantwortung: für dieses neue Wesen auf dem Planeten, das ich gebären durfte, aber auch darüber hinaus. Wie wird die Zukunft von Moritz aussehen?, fragte ich mich. Was mache ich mit diesem Planeten, was machen wir alle mit diesem Planeten? Das war wie ein Impuls zu verstehen: Wenn ich weiter unbewusst lebe, gedankenlos konsumiere und alles zerstöre, dann wird er nicht mehr die Natur vorfinden, in der ich noch aufwachsen durfte. Dabei fiel mir ein Satz von Antoine de Saint-Exupéry ein, aus seinem Buch *Der kleine Prinz*: »Man ist verantwortlich für das, was man liebt.« Liebe ist also nicht nur ein beglückendes Gefühl, in ihr steckt auch eine Herausforderung.

> Aus der Erfahrung ursprünglicher,
> authentischer Liebe heraus entwickeln
> wir ein Gefühl der Verantwortlichkeit.

Ein wichtiger spiritueller Satz lautet: »Wie oben, so unten.« Es ist die Einsicht, dass Mikrokosmos und Makrokosmos einander abbilden. Wenn ich im Kleinen, in meinem persönlichen Umfeld Liebe und Verantwortung spüre, so wird sich das auch auf das große Ganze auswirken. Nicht von ungefähr wurde ja zum Beispiel mein Umweltbewusstsein in mir geweckt. Ich wollte meinem Kind keine unbewohnbare Welt hinterlassen. Und sah ich nicht täglich, wie sehr er die Natur liebte? Wie gern er im Wald spielte, wie er voller Begeisterung Tiere beobachtete, wie glücklich er war, wenn er im Freien spielte?

Durch meine Liebe zu Moritz wurde mir bewusst, dass alle unsere Beziehungen so sein sollten: von Zuneigung und Empathie erfüllt, voller Wohlwollen und Verantwortlichkeit. Manchmal musste ich an die Bibelstelle des Neuen Testaments denken, in der Jesus sagt: »Wenn ihr nicht werdet wie die Kinder, werdet ihr nie das Himmelreich erlangen.« Das bedeutet nicht, dass wir kindisch werden, sondern die Reinheit und Unschuld kleiner Kinder wiedererlangen.

Einer der Gründe, warum ich mich der Liebe hingeben kann, war, dass ich so viel mit Kindern gespielt hatte. Sie trainierten mich so gut, dass ich mich völlig anders verhielt – die Art, wie ich mit meinem Körper umging, aber auch die Art, wie mein Gehirn arbeitete. Ein schwedischer Psychologe sagte mir sogar: »Fred, du hast so viel mit Kindern gespielt, dass sich dein Gehirn verändert hat!« Die Neurowissenschaften haben belegt, dass unser Gehirn gleichsam einen Schalter hat, mit dem wir den Verstand mit all seinen erlernten Programmen ein- und ausschalten können. Wenn das Gehirn die neurochemischen Botenstoffe produziert, die mit der Liebe verbunden sind, kann mich nichts mehr ängstigen. Das Einzige, worum ich mich dann kümmern muss, ist, meine Liebesfähigkeit zu trainieren. Fred Donaldson

Ja, es ist tatsächlich so: Bildlich gesprochen, können wir alle unseren »Liebesmuskel« trainieren. Da die Energie immer dorthin fließt, worauf wir unsere Aufmerksamkeit richten, wird unsere Liebesfähigkeit wachsen, je mehr Beachtung wir ihr schenken. So vollziehen wir die Evolution der Liebe – von der Liebe zu bestimmten Personen hin zur universalen Liebe. Was wir zunächst nur in unseren engeren Beziehungen verwirklichen, wird zur Grundhaltung den Menschen, der Natur, dem Kosmos gegenüber. Wer zerstört schon, was er liebt?

Die neue Erde wird eine Welt sein, in der wir liebevoll und achtsam miteinander umgehen, in der wir die Natur respektieren und unsere liebenden Energien in das vereinte Energiefeld fließen lassen. Keine Energie geht mehr verloren, und der planetare Energielevel wird sich erhöhen. Immer mehr Menschen werden aufwachen, sich geliebt fühlen und Liebe geben. Dann könnten wir so aufeinander zugehen, wie Barbara es beschreibt:

Wir sind Götter, und ich komme als Freund. Ich werde einen Platz für dich erschaffen, und du bist eingeladen, dich dort niederzulassen. Nimm es als Zeichen unserer evolutionären Bestimmung – wir können uns als fortgeschrittene Version unserer Selbst begegnen. Barbara Marx-Hubbard

Eine von Liebe getragene Haltung schließt alles ein und grenzt nichts aus. Das folgende Tool öffnet dein Bewusstsein für die universale Liebe. Ich selbst mag es am liebsten, wenn ich raus in die Natur gehe, wo die liebenden, aufbauenden Energien ganz rein spürbar sind. Die selbstverständliche Kraft, die in den Bäumen und Pflanzen liegt, hat mich schon als Kind fasziniert. Ich beobachtete den Wechsel der Jahreszeiten, und jedes Mal im Frühling war ich wieder überwältigt von dieser alles erschaffenden Energie, mit der die Blätter an den Bäumen zum Vorschein kamen.

## UMARME DIE LIEBENDE ENERGIE DER NATUR

**Schritt 1:** Suche dir einen Platz in der Natur, wo du dich wohlfühlst.

**Schritt 2:** Schaue die Bäume an, die dich umgeben.

**Schritt 3:** Wähle einen Baum aus, der dir besonders stark und kräftig erscheint.

**Schritt 4:** Setze dich vor den Baum und lass dich völlig auf sein Energiefeld ein. Spüre die Kraft seiner Wurzeln, den mächtigen Stamm, die beweglichen Zweige und die Blätter, die sich im Wind bewegen. Mache dir bewusst, was für ein Wunder dieser Baum ist.

**Schritt 5:** Stehe nun auf und lege deine Arme um den Baum. Umarme den Baum und schließe die Augen. Spüre, wie seine Energie dich durchfließt und wie eure Energien miteinander verschmelzen.

**Schritt 6:** Lass deine Liebe zu allem, was ist, in den Baum fließen, denn er ist ein Teil der Schöpfung, die auf Liebe beruht. Fühle den Einklang mit dem Universum, das du so umarmen kannst, wie du diesen Baum umarmst.

# Das vereinte Feld

Was geschieht zurzeit mit unserer Erde? Warum lesen wir immer öfter von Erdbeben, Vulkanausbrüchen und Überflutungen? Viele Naturwissenschaftler ziehen eine Verbindung zwischen diesen Phänomenen und dem Erwachen der Menschheit. Es sieht ganz so aus, als seien die aktuellen Ereignisse ein Weckruf. Und so paradox es auf den ersten Blick wirkt: Gerade diese Katastrophen sind es, die unser Überleben sichern werden, weil sie uns aus dem Schlaf des Bewusstseins wachrütteln.

So, wie uns Krankheiten signalisieren, dass wir von alten Programmen und Glaubenssätzen belastet sind, haben auch die Naturkatastrophen einen Sinn. Sie machen uns bewusst, dass unser Planet – wie auch wir selbst – nicht aus starrer Materie besteht, sondern aus lebendigen Energien. Und diese Energien sind nicht zu trennen von einem geistigen Impuls. Eindringlich erläutert das der Physiker und Astronom James Hopwood Jeans: »Fasst man die verschiedenen Beweisführungen zusammen, wird es immer wahrscheinlicher, dass Realität mit ›geistig‹ treffender beschrieben wird als mit ›materiell‹. Das Universum scheint einem großen Gedanken ähnlicher zu sein als einer großen Maschine.«

Das vereinte Feld aller Energien und Informationen, auch Akasha-Feld genannt, ist das universale Gewahrsein all dessen, was sich jemals im Kosmos ereignet hat. Es ist, mit Ervin László gesprochen, ein »kosmisches Informationsfeld«. Und er zögert nicht, es als den »Geist Gottes« zu bezeichnen. Dieses Feld formt einen Rhythmus von Ereignissen, die jetzt unmissverständlich auf weitere, noch sehr viel grundlegendere Ereignisse hinweisen.

Unser Körper endet nicht an der Hautoberfläche – die Erde,
ja, der gesamte Kosmos ist unser erweiterter Körper, daher
sind wir ohnehin eins. Was der Körper uns persönlich durch
eine Krankheit zeigt, zeigt uns das erweiterte System im
Außen, was mit uns auf der kollektiven Ebene passiert.
Dieter Broers

Es ist das große Wunder der Wiedergeburt, das unmittelbar bevorsteht, mit
allen dazugehörigen Geburtsschmerzen. Die oft erschreckenden Naturereig-
nisse, die sich jetzt wie Perlen einer Kette dicht an dicht aneinanderreihen,
erinnern uns daran, dass wir uns in diesem Augenblick mit dem Überleben
der Menschheit befassen müssen. Dabei geht es um ein qualitatives Überleben, nicht nur um die Rettung vor Erdbeben oder Überflutungen: Wir
können uns als Menschheit nur retten, indem wir unser Bewusstsein erwachen lassen.

Wenn wir etwa daran denken, dass der Club of Rome schon vor Jahrzehnten
anmahnte, die Regierungen müssten etwas gegen Umweltverschmutzung
und Naturzerstörung tun – was hat sich bisher schon getan? Und wenn wir
uns vergegenwärtigen, dass immer mehr Menschen ernstlich an Körper und
Seele erkranken – was wurde denn schon verändert, um die Lebensbedin-
gungen humaner und freundlicher zu gestalten? Der Wecker hat bereits
mehrmals laut und deutlich geschrillt, doch wir haben immer wieder die
Schlummertaste gedrückt.

Die Angst vor dem Neuen und die Trägheit überkommener
Programme haben uns die bisherigen Weckrufe überhören
lassen. Mit den immer häufigeren Katastrophen wird uns
gezeigt, wie gefährdet wir auch im weiteren Sinne sind: Wir
laufen Gefahr, unsere göttliche Bestimmung aus dem Blick
zu verlieren.

Eine höhere Intelligenz, so scheint es, macht uns auf diese Zusammenhänge
aufmerksam. Vielleicht ist es auch ein höheres Bewusstsein. Schon der Physiker Max Planck sagte: »Alle Dinge existieren aufgrund der Wirksamkeit
von Energie. Hinter dieser Energie müssen wir die Existenz eines bewussten

und intelligenten Geistes annehmen.« Was aber ist dieser Geist? Ich bin sicher, dass es eine göttliche Kraft ist und ein göttliches Bewusstsein. Wie könnte es sonst sein, dass wir jetzt an die Energien des Kosmos erinnert werden?

In der Tat sind es zu einem großen Maße veränderte kosmische Energien, die zurzeit auf uns einwirken. So hat sich die kosmische Strahlung in den vergangenen Jahrzehnten kontinuierlich erhöht. Dazu verändert unser Zentralgestirn, die Sonne, das Energiefeld der Erde, intensiviert durch ungewöhnlich starke Aktivitäten. Jedes Mal, wenn sich eine Sonneneruption ereignet, werden gewaltige Mengen elektrisch geladener Teilchen ins All geschleudert, die wenig später auch die Erde erreichen. Sie beeinflussen das natürliche elektromagnetische Feld unseres Planeten, und das spüren wir sofort, körperlich und psychisch.

Man hat nachweisen können, dass es bei stärkeren und häufigeren Sonneneruptionen zu vermehrten Unfällen durch Konzentrationsschwäche kommt, dass Herzinfarkte und Todesfälle exponentiell ansteigen, dass psychische und körperliche Krankheiten sich verschlimmern. Gleichzeitig ist der Mensch in Phasen starker Sonnenaktivitäten aber auch in der Lage, wesentlich kreativer zu sein. Große gesellschaftliche, wissenschaftliche und künstlerische Leistungen lassen sich direkt mit solchen Höhepunkten der Sonnenaktivität in Verbindung bringen. Auch die Offenheit für spirituelle Erfahrungen ist in solchen Zeitabschnitten besonders hoch. Der Physiker Dieter Broers erforscht diese Vorgänge seit vielen Jahren und hat dabei eine Fülle von empirischem Material ausgewertet. Er erklärte mir auch, wie der Transfer veränderter elektromagnetischer Bedingungen funktioniert.

In unserem Gehirn gibt es kleine Magnetitkristalle, die sich gerade entsprechend der sich verändernden elektromagnetischen Felder ganz neu ausrichten. Plötzlich nehmen wir viel mehr wahr, unser Bewusstsein erweitert sich radikal. Die Filtersysteme fallen, und dadurch kommen lange verdrängte, unterbewusste Altlasten – die Leichen im Keller – hervor, um endlich aufgelöst zu werden. Das ist unsere kollektive Chance zur Heilung destruktiver Verhaltensmuster und das, was ich als derzeitige Transformation der Menschheit bezeichne.
Dieter Broers

Was auf uns zukommt, ist ein neues Bewusstsein für Zeit und Transformation, eine erhöhte Bereitschaft, große Veränderungen mitzugestalten. Unser Bewusstsein wird sich in ungeahnter Weise fortentwickeln. Denn der »Herzschlag des Universums«, wie Kiara Windrider den kosmischen Zeitzyklus bezeichnet, ruft alle 12 000 Jahre einen einschneidenden Wandel hervor. Dieser ewige Zyklus kommt jetzt zu einem Höhepunkt – so erzählte es mir Kiara, als er mich in Österreich besuchte. Deshalb ist es für ihn auch kein Zufall, dass im Zentrum unserer Galaxie vermehrt kosmische Strahlung und Gammastrahlung ausgesendet werden.

Selbst wer nicht gläubig ist, wird sich kaum des Eindrucks erwehren können, dass hier eine göttliche Kraft wirkt. Schlüssig erklären kann man die vermehrte kosmische Strahlung nämlich nicht. Es wirkt so, als werde sie uns bewusst geschickt, damit wir bei unserer Bewusstseinstransformation unterstützt werden. Ich würde es ganz schlicht so ausdrücken:

> Gott liebt uns, und deshalb sendet er
> uns aus dem Herzen der Galaxis Energien,
> die uns bei unserem Bewusstseinswandel
> helfen.

Das Beeindruckende daran ist, dass Spiritualität bisher immer als etwas eher Diffuses, nicht Beweisbares erschien. Sie schien keiner Logik zu folgen, ein Grund übrigens, warum Frauen einen leichteren Zugang zu Spiritualität haben: Sie sind viel intensiver mit der rechten Hirnhälfte verbunden, dem Sitz von Intuition und Gefühl. Neuerdings aber berühren und ergänzen sich naturwissenschaftliche und spirituelle Erkenntnisse. Was bisher nicht rational zu erfassen war, enthüllt jetzt sein physikalisches Geheimnis. Das Erwachen folgt einer überraschenden Logik, wenn man eins und eins zusammenzählt.

Die kosmischen Veränderungen sind physikalisch messbar, und ebenso eindeutig verändern sie die Voraussetzungen, unter denen wir wahrnehmen, denken und fühlen. Wie drastisch der faktische Wandel bereits eingesetzt hat, erläuterte mir Kiara:

Diese Strahlungen verändern die Aktivitäten der Sonne und
damit verändern sie auch das elektromagnetische Feld der Erde.
Wir beobachten zurzeit, dass sich die Pole verschieben. Der
Nordpol ist in der jüngsten Vergangenheit jährlich um siebzig bis
achtzig Kilometer gewandert, so schnell wie nie zuvor – ein
Zeichen dafür, dass ein Polsprung bevorsteht. Kiara Windrider

Daniel Pinchbeck hat sich lange mit den psychischen Auswirkungen dieser
auffälligen Anomalien beschäftigt. Durch den Ausstoß elektrisch geladenen
Sonnenplasmas hätten sich bereits jetzt die Pole damit angereichert. Davon
ausgehend, sagt er eine erweiterte psychische Kapazität der gesamten
Menschheit voraus. Es spreche viel dafür, dass die unsichtbare gedachte
Wand zwischen Körper und Seele allmählich durchlässig werde. Schon jetzt,
so stellt er fest, werden sich viele Menschen der westlichen Kultur solcher
Phänomene wie Synchronität und Telepathie bewusst, obwohl das ja nicht
gerade unseren rationalen Glaubenssätzen entspricht.
Das Bild, das Daniel entwirft, wird noch deutlicher, wenn wir uns das Herz
auf seine physikalischen Gegebenheiten hin anschauen.

Trägt das Herz starke, liebende Gefühle in sich,
erzeugt es elektromagnetische Wellen. Es spricht
also gewissermaßen eine Sprache, die vom irdischen
und universalen Energiefeld erkannt wird.

Ist das nicht eine göttliche Kommunikation? Ganz ohne Worte, Gedanken
und Erklärungen? Eine energetische Verständigung mit der Sprache des Herzens, wow, was für eine Entdeckung! So, wie Liebende einander ohne Worte
verstehen, verbinden wir uns mit dem vereinigten Feld! Wie geliebt wir uns
fühlen dürfen, wie aufgehoben in diesem unterstützenden Feld! Laut Dieter
Broers schwingt unser Herz in der gleichen Frequenz wie die Erde. Das
heißt, dass sich unsere Herzensschwingung mit der erhöhten Frequenz des
Erdmagnetfelds unweigerlich erhöht.
Für unser Bewusstsein eröffnen sich damit Potenziale, die wir vermutlich
noch gar nicht ermessen können. Alles scheint möglich – dass wir durch die

Zeit reisen, dass wir gleichzeitig an verschiedenen Orten präsent sein könnten. Vor allem aber bedeutet es, dass alle Menschen fähig sein werden, intuitiv miteinander in Kontakt zu treten. Damit wäre die größte Barriere überwunden, die uns bisher voneinander trennt: die verbale Sprache als Vehikel von Bewertungen und Glaubenssätzen. Wir werden voll bewusste Wesen sein, die jederzeit miteinander verbunden sind.

Wenn wir unser Bewusstsein erweitern von der Ich-Ebene in das Allbewusstsein, dann geht das mit veränderten Gehirnwellen einher. Im normalen Wachbewusstsein des Alltags sind wir im Betazustand mit 14 bis 28 Zyklen pro Sekunde. Wenn wir in die Thetaebene gehen, ist das gleichbedeutend mit einem erweiterten Bewusstsein. Dann verlangsamen sich die Gehirnwellen bis zu einer Frequenz von vier bis acht Zyklen pro Sekunde. Diese Frequenz entspricht der Grundschwingung der Erde, der sogenannten Schuhmann-Frequenz von 7,8 Hertz. Esther Kochte

Esther arbeitet mit einer Methode, bei der das Gehirn in den Zustand des Theta-Floating gleitet, also in jene magische Schwingung, in der Gehirnfrequenz und Erdfrequenz übereinstimmen und in Resonanz gehen. Dadurch geraten Esthers Klienten sozusagen auf eine Ebene mit der Schöpfung und können mit ihr in Beziehung treten. Gespeicherte Programme hätten dann keine Macht mehr, so Esther, weil die Thetafrequenz einen direkten Zugang zum Unterbewusstsein öffne. Und ist es nicht das, was wir alle bei einer intensiven Meditation als Befreiung erleben?

Wenn wir mit der Erde im Einklang schwingen, verlassen wir überkommene Programme und Glaubenssysteme. Wir kommunizieren ungefiltert mit unserem Unterbewusstsein und mit den schöpferischen Energien des vereinten Feldes.

Die ungeheure Chance, die darin liegt, ist eine ganz neue Qualität von Empathie. Wir können ungehindert mitfühlen, was in den Herzen anderer vor sich geht. Wir können auch in das Unterbewusstsein anderer schauen, uns vorurteilslos miteinander austauschen. Esther spricht in diesem Kontext auch von Zellbewusstsein – »weil es sich um das handelt, was in unseren Zellen gespeichert ist«, das universale Wissen des vereinten Feldes.

Unsere Beziehungen werden sich dadurch in wunderbarer Weise verändern. Nichts trennt uns mehr, und wir können gemeinsam die neue Erde erschaffen – aufgrund des erwachten persönlichen und kosmischen Bewusstseins.

Wir geraten damit auf eine kollektive Ebene, die Ebene der Schöpfung. Deshalb können wir das, was wir dort erleben, auf einer symbolischen Handlungsebene verändern. Und anschließend können wir dann auch die sogenannte äußere Realität verändern.
Esther Kochte

Als ich das hörte, geschah plötzlich etwas mit mir: Ein Gefühl unbeschreiblicher Freude durchflutete mich. Seit Jahrtausenden hat die Menschheit vom Paradies geträumt, von einer Welt der Liebe und des Friedens. Und jetzt stehen wir wirklich an der Schwelle dieser neuen Ära! Sie ist schon mit Händen zu greifen. Sie ist keine Vision mehr, kein Wunsch und keine Fantasie, sie ist die Wirklichkeit, die wir jetzt erschaffen. Die große Transformation hat schon begonnen, das ganze Ausmaß dieses Satzes wurde mir schlagartig bewusst, als ich Esther mit wachsender Aufregung zuhörte.

*Ich spüre den Bewusstseinswandel, wenn ich mich ohne jede gedankliche Grenze mit erwachten Menschen unterhalte – manchmal auch schweigend. Ich spüre ihn, wenn mir unsichtbare Kräfte zu Hilfe kommen, sobald ich Inspiration und Unterstützung brauche.*

Alles ist da, ich muss nur durch mein erweitertes Bewusstsein Kontakt aufnehmen. Jetzt fügte sich das kosmische Puzzle, von dem Tom Kenyon gesprochen hatte, auch vor meinen Augen zusammen. Die vielen verwirrenden und widersprüchlichen Ereignisse auf unserem Planeten offenbarten sich mir als übergreifender Sinnzusammenhang.

Wir dürfen darauf vertrauen, dass dieser Sinn unsere göttliche Bestimmung ist, bei der unser volles menschliches und göttliches Potenzial erweckt wird. Wir dürfen loslassen und uns fallen lassen, ohne vorschnelle Bewertungen, ohne Widerstand, ohne Ängste. Selbst die kommenden Naturkatastrophen, die alle noch nicht erwachten Menschen zu einer Bewusstseinserweiterung führen werden, verloren für mich ihren Schrecken. Wir werden sie meistern, weil sie unsere wertvollsten Fähigkeiten aus ihrem Schlummer reißen werden.

Durch Katastrophen kommen oft die besten Eigenschaften der Menschen zum Vorschein. Menschen möchten einander helfen, sie möchten Gutes tun, und eine Notsituation gibt ihnen Gelegenheit dazu. Alle Unterschiede und Konflikte erlöschen auf der Stelle. Die Botschaft, die uns die Erde jetzt vermittelt, lautet: Es ist an der Zeit, dass wir uns zueinander auf wirklich menschliche Weise verhalten. Es ist an der Zeit, eine völlig andere, bisher noch unbekannte Realität zu erschaffen. Die Konflikte und Kriege auf dieser Welt sind nichts weiter als erlernte Muster – und wir können diese Muster ändern. Maika Suneagle

Was Maika sagte, klang wie Musik in meinen Ohren. Es war, als sei mein schönster Traum wahr geworden. Und es stimmte ja: Dieser Traum wird bereits Realität. Wir haben nichts zu befürchten. Wir können in Liebe und Freude auf das Kommende schauen, indem wir die wundervollen Aspekte des sich wandelnden Jetzt wahrnehmen. Das Paradies ist hier, und wir sind nie daraus vertrieben worden, wir haben es nur freiwillig verlassen. Nun können wir zurückkehren und unsere Bestimmung vollenden.

Am Ende meiner Reise fragte mich Moritz noch einmal: »Mama, wenn ich groß bin, werden wir dann noch hier sein? Die Tiere, die ganze Erde? Wir machen doch alles kaputt.« Und ich wusste die Antwort: JA! Es liegt alles in unseren Händen. Wir sind die Schöpfer, wir entscheiden, was sich manifestiert und was nicht. Unser Bewusstseinsgrad und der Zustand der Welt hängen unmittelbar miteinander zusammen.

Meine Reise war zu Ende. Aber das Beste daran war: Die Reise hatte gerade erst begonnen ...

Lasst uns erwachen,
lasst uns gemeinsam die Welt verändern!

## ÖFFNE DICH DEM VEREINTEN FELD

Dieses Tool hilft, ein Gespür für den umfassenden Informations- und Energiespeicher zu bekommen, der uns umgibt.

**Schritt 1:** Dafür suchst du dir einen Ort, an dem du dich spontan wohlfühlst, der dich inspiriert – am besten in der Natur.

**Schritt 2:** Beobachte zunächst deine Gedanken. Was treibt dich um? Welche Probleme belasten dich?

**Schritt 3:** Setze dich entspannt hin und fang an, bewusst zu atmen, ganz regelmäßig.

**Schritt 4:** Mit jedem Ausatmen schickst du einen Gedanken weg, bis dein Geist ganz leer ist.

**Schritt 5:** Atme weiter, ohne an etwas zu denken. Es geht darum, nur auf das zu lauschen, was kommt – nicht aus dir, sondern aus dem Universum. Das kann eine Empfindung sein, ein Bild, vielleicht auch ein Klang.

**Schritt 6:** Lass das, was kommt, ruhig vorüberziehen und bedanke dich beim Universum dafür.

Wenn du die Übung öfter machst, wirst du erstaunliche Eingebungen haben.

# Anhang

# Danke für
# eure Reisebegleitung

## Arjuna Ardagh

Der Begründer des »Awakening Coaching Training« und Autor von *The Translucent Revolution* lehrt, wie man das erwachende Bewusstsein im Alltag umsetzt – auch in den »Deeper Love«-Seminaren, die er mit seiner Frau Chameli Gad Ardagh gibt. Er lebt in Nevada City, Kalifornien.
www.arjunaardagh.com

## Mellen-Thomas Benedict

Mellen hatte Krebs im Endstadium, als er 1982 eineinhalb Stunden lang klinisch tot war. Über seine Nahtod-Erfahrung hat er einen berührenden Bericht geschrieben, in dem er von dem Licht erzählt, dem er begegnete. Heute ist er vollständig geheilt. Er lebt auf Big Island, Hawaii.
www.mellen-thomas.com

## Dieter Broers

Als Biophysiker hat Dieter Broers eingehend die Wirkung elektromagnetischer Felder auf biologische Systeme erforscht. Seither veröffentlichte er zahlreiche Werke über das spirituelle Erwachen, unter anderem *(R)evolution 2012* und *Das Geheimnis des Matrix Code*. Er lebt in Österreich und Griechenland.
www.dieter-broers.de

## Torsten Brügge und Padma Wolff

Die Bodhisattva Schule von Torsten Brügge und Padma Wolff steht seit vielen Jahren für die Vermittlung spiritueller Selbsterforschung. Das Paar unterstützt Menschen dabei, ihre innere Freiheit und ihren inneren Frieden zu entdecken. Sie leben in Hamburg.
www.bodhisat.de

## Canamay-Te

Seit ihrer Begegnung mit einem hohen Eingeweihten folgt Canamay-Te ihrem spirituellen Pfad und erforscht unter anderem das Zeitbewusstsein. Die diplomierte Sozialpädagogin arbeitet daneben im Lern- und Wissensmanagement sowie als Persönlichkeitscoach. Sie lebt in Hamburg.
www.canamay-te.de

## Ruediger Dahlke

Der Arzt und Psychotherapeut Ruediger Dahlke hat sich in über 40 Büchern mit den Weckrufen des Körpers auseinandergesetzt. Werke wie *Krankheit als Symbol* zeigen, dass Krankheiten eine Aufforderung zur umfassenden Transformation sind. Er lebt in Österreich und auf Bali.
www.dahlke.at

## Nassmin Haramein

Bereits mit neun Jahren entwickelte Nassmin Haramein die Basis seiner »Unification Theory«. Heute leitet er die »Resonance Project Foundation«, die es sich zum Ziel gesetzt hat, Wissenschaft und moderne Technologie zu vereinen, um Lösungen für die Energiekrise auf unserem Planeten zu finden. Er lebt auf Hawaii.
www.theresonanceproject.org

## Eli Jaxon-Bear

Eli Jaxon-Bear ist ein spiritueller Lehrer, der sich mit dem Ego als Quelle des Leidens beschäftigt. In seinen Seminaren lehrt er, durch Selbstbefragung und die Erweckung des Bewusstseins jede Identifizierung mit dem Ego loszulassen, und damit alle blockierenden Fixierungen. Er lebt in Ashland, Oregon.
www.leela.org

## Tom Kenyon

Der Klangheiler Tom Kenyon gründete 1983 das »Acoustic Brain Research«, um die heilende Wirkung von Tönen und Musik auf das menschliche Bewusstsein zu erforschen. Regelmäßig leitet er Klangheilungsseminare in den USA, Europa und Asien. Er lebt auf Orcas Island, Washington.
www.tomkenyon.com

## Esther Kochte

Die Autorin und Bewusstseinstrainerin Esther Kochte entwickelte eine mentale Technik, die mit der transformativen Kraft der Thetawellen arbeitet. Auf diese Weise werden verdrängte Traumata bewusst, und es setzt eine ganzheitliche Heilung ein. Sie lebt in Berlin.
www.thetafloating.com

## Ervin László

Der Wissenschaftsphilosoph Ervin László thematisiert in seinen Büchern das Verhältnis von Geist und Bewusstsein und ihre Beziehung zu einem übergeordneten Energiefeld. Die Erkenntnisse seiner Arbeit fasste er in seiner »Großen vereinheitlichten Theorie« zusammen. Er lebt in Italien.
www.ervinLászló.com

## Demian Lichtenstein

Demian Lichtenstein wurde bekannt durch seinen Film *Die Gabe – Discover the gift* und das gleichnamige Buch. Im Mittelpunkt seiner Überlegungen steht das Motiv der Vergebung. Darin sieht er die Chance, sich von Blockaden zu befreien und seine besondere Gabe zu leben. Er lebt in Kalifornien.
www.die-gabe.com

## Bruce Lipton

In seinem Hauptwerk *The Biology of Belief* erläutert der Biologe Bruce Lipton die Funktion des zellulären Bewusstseins. Er zeigt, dass negative Überzeugungen zu Blockaden und Krankheiten führen und wie man durch heilende Überzeugungen Gesundheit und Freiheit erlangt. Er lebt in den USA.
www.brucelipton.com

## Barbara Marx-Hubbard

Die Politikwissenschaftlerin und Zukunftsforscherin Barbara Marx-Hubbard ist die Präsidentin der »Foundation of Conscious Evlution«. In Büchern wie *Die Bewusstseins-Evolution* sucht sie nach ganzheitlichen Antworten auf die globalen Zukunftsfragen. Sie lebt in Santa Barbara, Kalifornien.
www.barbaramarxhubbard.com

## Mooji

Mooji fand seinen spirituellen Meister in Sri Harilal Poonja, Papaji genannt. Durch ihn erlebte er einen umfassenden Wandel seines Bewusstseins und lernte das Advaita, eine Methode der Selbsterkundung, die zur »Weisheit des Selbst« führt. Seither gibt er Seminare. Er lebt in London.
www.mooji.org

## Niurka

Die Weisheit des Herzens und die Einheit von Körper und Geist sind die Themen der Transformationstrainerin Niurka. Sie lehrt, wie man in den Energiefluss kommt und mit dem Bewusstsein sein Umfeld verändert. Sie lebt in Dana Point, Kalifornien.
www.niurkainc.com

## Jackie O'Keeffe

Jackie O'Keeffe hält weltweit spirituelle Satsangs ab, die auf der Methodik von Frage und Antwort beruhen. Ihr liegt an einer ganzheitlichen Heilung. So interpretiert sie psychische Störungen beispielsweise nicht als Anzeichen von Krankheit, sondern als Signal eines erwachenden Bewusstseins.
www.jackieokeeffe.com

## Eric Pearl

In seinen »The Reconnection«-Seminaren arbeitet Eric Pearl mit heilenden Energien. Während seiner Tätigkeit als Chiropraktiker entdeckt er den Einfluss des erweiterten Bewusstseins und schrieb zahlreiche Bücher über Bewusstsein und Selbstheilungskräfte. Er lebt in Los Angeles, Kalifornien.
www.thereconnection.com

## Daniel Pinchbeck

In seinem Buch *2012: Die Rückkehr der gefiederten Schlange* und seinem Film *2012: Time for Change* erforscht Daniel Pinchbeck die Prophezeiungen der Maya und sagt eine Evolution der Menschheit voraus – basierend auf einem neuen Verständnis von Intuition und Realität. Er lebt in New York.
www.evolver.net

## Gloria Cecilia Ramirez

Gloria Cecilia Ramirez ist überzeugt davon, dass wir alle fähig sind, das in uns schlummernde unendliche Potenzial zu erwecken. Die diplomierte Psychologin und Autorin vereint in ihrer Arbeit die Bereiche von Spiritualität, NLP, Psychologie und Motivationstraining. Sie lebt in Kolumbien.

## Maika Suneagle

In seinem Konzept »Ascension to Love« verarbeitet Maika Suneagle seine jahrelangen Erfahrungen mit ganzheitlicher Heilung und spirituellen Prophezeiungen. Das Ziel sind die Aktivierung des vollen menschlichen Potenzials und ein Leben im Einklang mit der Natur. Er lebt auf Hawaii.
www.ascensiontolove.com

## Neale Donald Walsch

Neale Donald Walsch gründete die Bewegung »Humanity's Team«. In Büchern wie *Gespräche mit Gott* entwirft er ein neues Gottesbild und eine Spiritualität der Zukunft – denn er glaubt an den menschlichen »Hunger nach neuen Lebenswegen in Frieden und Harmonie«. Er lebt in den USA.
www.nealedonaldwalsch.com

## Rich Si Windelov

Der Energiearbeiter, Heiler und Schamane Rich Si Windelov hat vielen Menschen geholfen, ihre Selbstheilungskräfte zu aktivieren und sogar Krebserkrankungen zu heilen. In seinen Seminaren spielt Yoga eine große Rolle, als Weg, die Liebe in sich selbst zu finden. Er lebt in Neuseeland.

## Kiara Windrider

Kiara Windrider widmet sich der Heilung durch eine Methode der Energieübertragung, die er »Ilahinoor« nennt. Der Psychotherapeut und Heiler beschreibt sie in seinem Buch *Deeksha – Energie des Erwachens* als eine Initiation in das Feld der intelligenten kosmischen Energie. Er lebt in Indien.
www.deekshafire.com

## Thomas Young

Der Mystiker Thomas Young bezeichnet sich als »Herzlehrer«. In seinen Seminaren erinnert er die Menschen an die Kraft, die sie in ihrem Herzen aktivieren können. So erleben sie eine Transformation – individuelle Seelenkraft und radikale Präsenz. Er lebt auf Big Island, Hawaii.
www.thomasyoung.net

# Danksagung

Ich möchte mich bei allen bedanken, die das Filmprojekt und das Buch *Awake* unterstützt und möglich gemacht haben!

Danke an meine »family«, dass ich euch immer wieder mit dem Satz »Ja, wenn der Film fertig ist!« vertrösten durfte.

Danke Moritz, dass du dir mich als deine Mami ausgesucht hast und ein so wundervoller Lebensreisebegleiter bist, der so viel Liebe zu verschenken hat.

Danke Robert, dass du auf den Reisen, bei denen du uns begleitet hast, nicht nur dein Talent an der Kamera entdeckt, sondern mich auch unermüdlich und liebevoll unterstützt hast. Danke auch für die Massagen, wenn ich mit verspanntem Genick vor dem Schnittcomputer gesessen habe, sowie für das »Füttern«, wenn ich wieder mal das Essen vergessen hatte.

Danke Thomas, dass du Moritz ein so liebevoller Vater bist. Hättest du mich damals nicht verlassen, wäre ich wahrscheinlich nicht auf die wundervolle »Reise ins Erwachen« gegangen.

Danke Anna und Susan dafür, dass ihr euch so rührend um Moritz gekümmert habt, wenn »Mami« einmal einen Tag durchschneiden wollte.

Danke Iláh für deine Lomi Lomi Nuis, mit denen du meinen etwas überstrapazierten Körper verwöhnt hast.

Danke Christian Strasser für dein Vertrauen und deinen Einsatz für *Awake*.

Danke Nicole für die wundervolle, fruchtbare, inspirierte Arbeit und für den Spaß, den ich mit dir auch während ganz intensiver Arbeitsphasen hatte.

Danke Verena und Thomas für euren kreativen Einsatz.

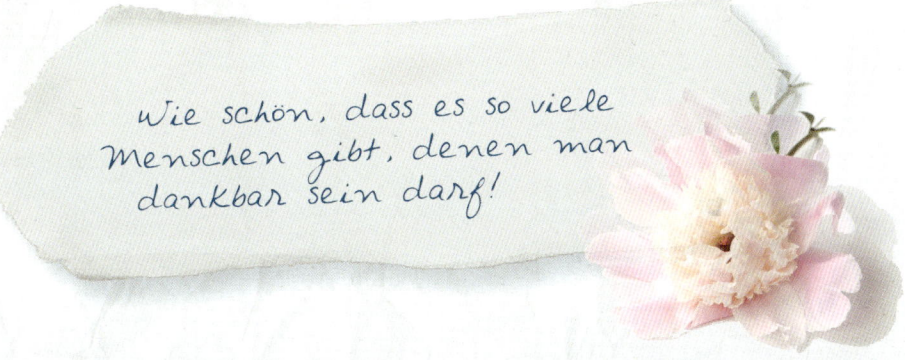

*Wie schön, dass es so viele Menschen gibt, denen man dankbar sein darf!*

**Awake,** Catharinas Dokumentarfilm,
regt mit wundervollen Bildern dazu an,
das eigene Erwachen bewusst zu erleben.

Ruediger Dahlke

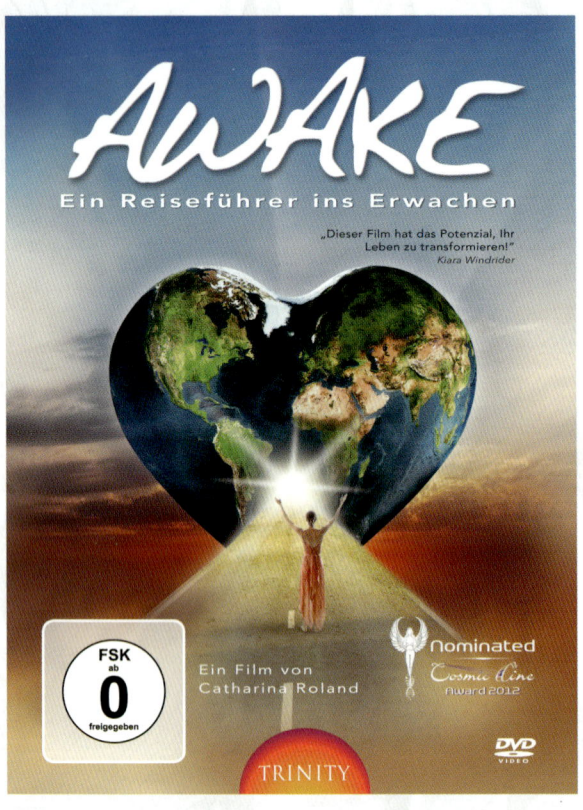

AWAKE
Ein Reiseführer ins Erwachen

„Dieser Film hat das Potenzial, Ihr
Leben zu transformieren!"
Kiara Windrider

FSK
ab
0
freigegeben

Nominated
Cosmic Cine
Award 2012

Ein Film von
Catharina Roland

DVD
VIDEO

TRINITY

# Über die Autorin

Catharina Sophia Roland, geboren 1969 in Wien, absolvierte eine Regieausbildung am Max-Reinhardt-Seminar in Wien und studierte Schauspiel, Theaterwissenschaft, Publizistik und Psychologie. Mehrfach ausgezeichnet für ihre internationalen Werbefilmproduktionen, arbeitet sie außerdem als Theaterregisseurin sowie als Sprecherin. Für ihr Herzensprojekt, *Awake,* reiste sie sieben Jahre um die Welt, um die Puzzlesteine neuester wissenschaftlicher Erkenntnisse und mystischen Wissens zusammenzusetzen. *Awake – Ein Reiseführer ins Erwachen* baut auf dem spirituellen Wissen des Films auf und liefert darüber hinaus wirkungsvolle, einfache und praxiserprobte Techniken und Übungen.

**www.awake-der-film.de**